Sören Kierkegaard

– eine Auswahl

Tatort
Christenheit

herausgegeben von Wolfgang Bühne

dlv
Christliche
Literatur-Verbreitung e.V.
Postfach 11 01 35 · 33661 Bielefeld

1. Auflage 1998

© 1998 by CLV · Christliche Literatur-Verbreitung
Postfach 11 01 35 · 33661 Bielefeld
Mit freundlicher Genehmigung der Rechtsinhaber
Herr Prof. Dr. Hirsch und Frau Gerdes
Früher erschienen unter dem Titel »Christenspiegel«
beim R. Brockhaus Verlag, Wuppertal
Satz: CLV
Umschlag: Dieter Otten, Gummersbach
Druck und Bindung: Graphischer Großbetrieb Pössneck

ISBN 3-89397-265-X

Will einer zu mir sprechen: »Was du sagst, ist unwahr, du hast eine verwirrte fehlerhafte Vorstellung vom Christsein«, so antworte ich: »Mach mir das klar, so werde ich meine Auffassung ändern; wo nicht, natürlich keinen Tüttel.«

Will die Jämmerlichkeit zu mir sprechen: »Gib dies Vorhaben auf, widerrufe, was du getan, schone unser; diese Darstellung hängt wie ein Grauen über uns, sie schraubt den Preis so hoch, daß es uns zur Verzweiflung bringt«, so will ich antworten: »Nein, keinen Tüttel: auch ich kenne den Schmerz darin, aber anders darf ich nicht und kann ich nicht.«

Ich bitte zu Gott, daß er in der Hinsicht mir Herz und Gedanken christlich hart machen möge oder mich christlich so abhärten möge, daß ich nicht stümpere in menschlichem Mitleid. Will man mich verschrecken, damit ich mein Vorhaben aus Menschenfurcht aufgäbe oder mit den Händen zuckte und das Bild verhudelte – ich bitte zu Gott, daß er, möge die Gefahr nun kommen in Gestalt blutiger Verfolgung oder in Gestalt von Hohn und Lachen und Spott, möge das Leiden nun als leibliche Schmerzen über mich fallen oder als geistiger Schmerz, ich bitte zu Gott, daß er mich stärken wolle, nicht um Haaresbreite zu weichen von dem Wahren, das ich verstanden.

* * *

Um ein Wort über mich selbst zu sagen: Ich bin nicht, was die Zeit vielleicht fordert, ein Reformator, auf keine Weise, auch nicht ein spekulativer, tiefsinniger Geist, ein Seher, ein Prophet, nein, ich bin – mit Verlaub – ich bin ein in seltenem Maße ausgeprägtes Polizeitalent.

S. K.

INHALT

Differenzierte Schriftsteller sind dadurch gekennzeichnet, daß ihre Sätze, um sinntief und schön zu werden, genau in dem Zeitmaß und genau in der Stimmung gelesen werden müssen, die der Autor beabsichtigt hat. Die schriftstellerische Kunst besteht dann darin, durch Satzbau und Wortwahl, Klang und Rhythmus das richtige Zeitmaß und die richtige Stimmung dem Leser gleichsam aufzuzwingen. In dieser Kunst ist Kierkegaard Meister. Seine Schriften wollen überaus langsam und mit einer Hingabe und Sammlung, die fast zur Versunkenheit wird, gelesen werden, und er versteht es, so zu schreiben, daß dem hastenden und sich nicht persönlich ganz hingebenden Leser nichts als Langeweile und Verwirrung entsteht. Es ist leichter, die schwierigsten philosophischen Partien in Kant und Hegel ›diagonal‹ zu lesen, als eine Schrift Kierkegaards.

Emanuel Hirsch

EINFÜHRUNG

Weil du aber lau bist und weder warm noch kalt, werde ich dich »ausspeien aus meinem Munde.« Diese und die folgenden Worte aus dem Sendschreiben an Laodicäa (Offb. 3) las der junge Arzt Henrik Lund am Grab seines Onkels Sören Kierkegaard, nachdem in der Kathedrale des Bischofs vor einer großen Menschenmenge der Trauergottesdienst stattgefunden hatte. Dort war außer dem Bruder Kierkegaards und dem Stiftspropst kein Geistlicher anwesend. Schäbig gekleidete Leute hatten sich um den Sarg gedrängt, und es hatte ganz danach ausgesehen, als wollte das Volk gegen die Beschlagnahmung dieses Mannes, der jeden Dienst der Staatskirche für sich schroff abgelehnt hatte, protestieren. Peter Kierkegaard jedoch, der das Anliegen seines Bruders nie verstanden hatte, wußte alle Feindseligkeit taktvoll zu besänftigen.

Aber auf dem Kirchhof erzwang sich Henrik Lund gegen den Willen des Propstes Gehör. Mit der Bibel und einem Exemplar des Flugblattes »Der Augenblick« in den Händen bestritt er mit heftigen Worten der Kirche das Recht, den Verstorbenen für sich in Anspruch zu nehmen. »Ich protestiere für meinen verstorbenen Freund in seinem und meinem Namen dagegen, daß unsere Anwesenheit hier als Teilnahme am Gottesdienst der offiziellen Kirche ausgelegt werden soll, denn er ist hierher gebracht worden gegen den Willen, den er oft bekundet hat.« Daraufhin erinnerte ihn der Stiftspropst daran, daß das Gesetz nur ordinierten Kirchendienern gestatte, bei einem Begräbnis zu reden, worauf sich die Menge allmählich zerstreute.

Sechs Wochen vorher war Kierkegaard auf der Straße zusammengebrochen und ins Krankenhaus eingeliefert worden. Auf dem Sterbebett weigerte er sich mit folgenden Worten, das Abendmahl aus der Hand eines Pfarrers zu empfangen: »… Gott ist der Souverän, aber da kamen all diese Leute und wollten sich im Christentum die Sache nach ihrer Bequemlichkeit einrichten – und die tausend Pfarrer – und nun kann keiner selig sterben, ohne dazuzugehören – und so werden sie zum Souverän und es ist ganz aus mit Gottes Souveränität. Aber IHM muß in allem gehorcht werden.« Er starb dann im alleinigen Vertrauen auf die Gnade Gottes in Jesus Christus, um nun in der Ewigkeit dem zu danken, den er geliebt hatte und dem er um jeden Preis gehorsam sein wollte.

Er starb, nachdem er seine Lebensaufgabe für erfüllt sah und seine Mittel aufgebraucht waren, am 11. 11. 1855. Der Rest seines flüssigen Vermögens reichte gerade aus, seinen Krankenhausaufenthalt und das Begräbnis zu bezahlen.

Kierkegaard ist Zeit seines Lebens und bis in unsere Zeit hinein im allgemeinen nicht verstanden worden. Die Ursache liegt wahrscheinlich darin, daß man seine erbaulichen Schriften von den ästhetischen Werken, die er unter verschiedenen Pseudonymen herausgegeben hat, trennte. Kierkegaard selbst schrieb dazu folgendes: »Das große Werk ›*Entweder – oder*‹, das viel gelesen und noch mehr beredet wurde – und dann ›*Zwei erbauliche Reden*‹ meinem verstorbenen Vater gewidmet ... keiner achtete in tieferem Sinne auf die zwei erbaulichen Reden, keiner kümmerte sich um sie, ja, ich erinnere mich sogar, daß einer meiner Bekannten zu mir kam und sich darüber beklagte, daß er guten Glaubens hingegangen sei und sie gekauft habe, in dem Gedanken, sie müßten, da sie von mir seien, etwas Witziges und Geistreiches sein; ich erinnere mich auch, daß ich ihm versprach, er solle, wenn er es wünsche, sein Geld zurückerhalten. Mit der linken Hand reichte ich ›*Entweder – oder*‹ hinaus in die Welt, mit der rechten ›*Zwei erbauliche Reden*‹; aber sie griffen alle, oder so gut wie alle, mit ihrer rechten nach der linken Hand.«

Das Ergebnis ist, daß auch heute seine pseudonymen Werke aufgelegt und gelesen werden, während sein eigentliches Anliegen, seine zeugnishaften Schriften, sein »eigentliches Wort an den Leser«, unbekannt geblieben und kaum verbreitet worden ist.

Am Ende seines Lebens schreibt er rückblickend dazu: »Unter dem Namen eines Dichters brachte ich dann einige Ideale ans Licht, brachte das vor – ja, das, worauf eintausend königliche Beamte durch Eid verpflichtet sind. Und diese guten Leute, die merkten gar nichts, sie waren vollkommen sicher, in dem Maße war alles christlich, Geistlosigkeit und Weltlichkeit; diese guten Leute ahnten gar nicht, daß sich hinter diesem Dichter etwas verbarg ... Da verwandelte sich dieser Dichter plötzlich, er warf – wenn ich so sagen darf – die Gitarre beiseite und – zog ein Buch hervor, welches heißt ›*Das Neue Testament unseres Herrn und Heilandes Jesu Christi*‹ und mit – ja wahrlich mit einem Polizeiblick – gab er diesen guten eidbefestigten Lehrern, den ›Wahrheitszeugen‹, zu verstehen: ob es nicht dieses Buch sei, auf das sie eidlich verpflichtet seien, dieses Buch, dessen Maßstab ein gut Teil größer sei als der, den er (der Dichter) gebraucht habe? ... Also ich zog das Neue Testament hervor, gestattete mir, ergebenst daran zu erinnern, daß diese ehrenwerten Wahrheitszeugen durch Eid auf das Neue Testament verpflichtet sind – und dann trat Schweigen ein. War das nicht seltsam? Indes hielt ich es für das Richtigste, sie womöglich noch eine Weile im Unklaren darüber zu lassen, wie gut ich unterrichtet sei, und in welchem Maße ich das Neue Testament auf meiner Seite habe, was mir auch gelang, aber wessen mich zu rühmen mir niemals einfallen könnte.

Ich redete da in meinem eigenen Namen, freilich immer entscheidender, weil ich sah, wie man es ständig gering achtete, daß ich zuerst die Sache für den Gegenpart so günstig hinstellte, wie es mir möglich war; und zuletzt unterfing ich mich, in meinem eigenen Namen zu sagen, daß es eine Schuld, eine schwere Schuld sei, am öffentlichen Gottesdienst teilzunehmen, wie er jetzt ist.«

Kierkegaard sah seine Aufgabe vor allem darin, die Christenheit zur Buße zu rufen; den Weg zu zeigen, um Christ in der Christenheit zu werden; die Nachfolge Christi als dankbare Antwort auf das Geschenk der Sündenvergebung herauszustellen; die uneingeschränkte Anerkennung und Verwirklichung des Neuen Testamentes als alleinigen Maßstab für den Christen zu bewirken.

Mit scharfem Blick hat Kierkegaard die Gefahr des kommenden Massenzeitalters erkannt und die Kategorie des »Einzelnen« vor Gott betont. Wie kaum ein zweiter hat er außerdem Jesus Christus als den Erniedrigten, den von der politischen und religiösen Welt Verachteten, als Verworfenen und Gekreuzigten bezeugt, der seinen Nachfolgern kein besseres Leben auf Erden verheißen hat.

Die Tatsache, daß die bestehende Christenheit sich jedoch mit der Welt, die den Christus kreuzigte, verbunden hat, die weitere Feststellung, daß die Nachfolge Christi abgeschafft wurde und an die Stelle der Apostel und Zeugen die Dozenten und Professoren der Theologie traten, dazu die Tatsache, daß keine Anzeichen für eine Bußbereitschaft von seiten der Kirche zu sehen waren, gab den letzen Anstoß für Kierkegaards Angriff auf die Christenheit.

In den letzten neun Monaten seines Lebens erschien nun in Abständen von ein bis drei Wochen »Der Augenblick«, ein Flugblatt, in welchem er schonungslos mit überwältigender Wucht die Unbußfertigkeit der bestehenden Christenheit geißelte. Ohne Zweifel rechnete Kierkegaard damit, daß man nun Gewalt gegen ihn anwenden und ihn einsperren würde, jedoch geschah nichts. Obwohl die Wogen hoch schlugen und die Geistlichkeit empört war, hielt man es für »würdevoller, Schweigen zu bewahren«.

11

In den Tagebüchern kann man Kierkegaards bittere Enttäuschung lesen: »Das Bestehende ist in dem Maße entsittlicht, daß man ihm gerade ins Gesicht spucken kann, und es zieht es vor, davonzuschleichen, hütet sich wohl davor, Anklage zu erheben und dergleichen. Entsetzlich, in welche Tiefe das Bestehende herabgesunken ist, welche Tiefe von Jämmerlichkeit und Spießbürgerlichkeit und Mittelmäßigkeit und Lüge.«

Die einzige Antwort der Kirche war möglicherweise das bereits geschilderte feierliche Pastorenbegräbnis – »ein seltsames Ereignis, zweideutig und fragwürdig wie so mancher Vorgang der Kirchengeschichte, vielleicht allein aus dem klugen Bestreben geboren, dem Angriff die Spitze abzubrechen« (Emanuel Hirsch).

Ein ähnlicher Verdacht drängt sich einem beim Lesen der meisten Literatur über Kierkegaard auf. Man hat den Eindruck, daß dem bis heute so dringend notwendigen Angriff auf die Christenheit die Schärfe genommen wird.

Man kann noch ein gewisses Verständnis dafür aufbringen, daß Kierkegaard von ungläubigen Theologen und Philosophen mißverstanden wird (s. Anhang), aber die Tatsache, daß Kierkegaard von einflußreichen Evangelikalen zum »Vater der modernen Theologie und Philosophie« erklärt wurde, »dessen Schriften die Leugnung der grundsätzlichen Lehren des christlichen Glaubens enthalten«, der den Menschen als »biochemische Maschine ohne Ziel und Sinn« erklärt, deutet darauf hin, daß auch Evangelikale sich vor der schonungslosen Untersuchung ihrer Glaubwürdigkeit drücken.

Mit diesem Auswahlband soll das eigentliche Anliegen Kierkegaards zur Sprache gebracht werden, nicht in erster Linie, um Kierkegaard zu rechtfertigen, sondern weil die heute bestehende Christenheit – ich denke besonders an die Evangelikalen, die dem Massendenken verfallen sind und sich ebenfalls in der Welt eingerichtet haben – es dringend nötig hat, sich dieser Diagnose zu stellen und daran zu denken, daß ihr Heiland und Herr von der Welt verworfen und gekreuzigt wurde.

Wolfgang Bühne

»NACHFOLGE«

Die rechte Nachfolge kommt nicht dadurch zustande, daß gepredigt wird: Du sollst Christus nachfolgen; sondern dadurch, daß man davon predigt, was Christus für mich getan hat. Begreift und empfindet ein Mensch dies recht tief und wahr, wie unendlich viel es ist, so folgt schon die Nachfolge.

– Gebet –

Du, der Du einstmals selbst auf Erden gewandert bist und eine Fußspur hinterlassen hast, der wir folgen sollen; Du, der Du noch heute von Deinem Himmel herniederschaust auf jeden Wandernden, den Müden stärkst, den Verzagten ermunterst, den Irrenden zurückführst, den Streitenden erquickst; Du, der Du am Ende der Tage wiederkommen wirst, um jeden Einzelnen zu richten, ob er Dir nachgefolgt ist: unser Gott und unser Erlöser, laß Dein Vorbild recht deutlich vor dem Auge der Seele stehen, um die Nebel zu zerstreuen, gib Stärke, daß wir unverändert nur dies vor Augen haben, auf daß wir, indem wir Dir gleichen und Dir nachfolgen, den rechten Weg zum Gericht finden mögen, denn ein jeder Mensch muß ja vor Gericht kommen, oh, möchten wir aber auch durch Dich zur Seligkeit kommen dort bei Dir. Amen.

Was Christus fordert?

Zuerst und vor allem: Glauben. Darauf: *Dankbarkeit*.

Diese Dankbarkeit ist beim Jünger im strengeren Sinne »Nachfolge«. Aber selbst der schwächste Christ hat doch dies mit dem stärksten Jünger gemeinsam, daß das Verhältnis das der Dankbarkeit ist.

»Nachfolge« ist keine Gesetzesforderung, dann haben wir das Gesetzeswesen wieder. Nein, die Nachfolge ist der stärkere Ausdruck für die Dankbarkeit im Stärkeren.

Die Nachfolge ist keine Gesetzesforderung, mit der ein armer Mensch sich selbst martern soll. Nein, eine solche herausgefolterte

Nachfolge ist sogar Christus zuwider. Er würde gewiß zu einem solchen sagen, falls er sonst Dankbarkeit bei ihm fände: Übereifere dich nicht, laß dir Zeit, dann kommt es wohl, und laß es auf jeden Fall kommen als freudige Frucht der Dankbarkeit, sonst ist es doch nicht »Nachfolge«. Ja, man müßte ja auch sagen, daß eine solche furchtbar herausgefolterte Nachfolge eher ein fratzenhaftes Nachäffen wäre.

Die Wildgans – ein Bild

Jeder, der auch nur ein kleines bißchen Kenntnis vom Leben der Vogelwelt hat, weiß, daß zwischen der Wildgans und den zahmen Gänsen, wie verschieden sie auch sind, dennoch eine Art Verstehen herrscht. Wenn der Zug der Wildgänse in der Luft zu hören ist, und da zahme Gänse unten auf der Erde sind, so merken diese letzten das sofort, sie verstehen bis zu einem gewissen Grade, was es bedeutet; deshalb hüpfen sie auch, schlagen mit den Flügeln, schreien und fliegen in verworrener unschöner Unordnung ein Stück über den Erdboden hin – und dann ist es vorbei.

Es war einmal eine Wildgans. Zur Herbstzeit gegen den Wegzug hin wurde sie auf einige zahme Gänse aufmerksam. Sie faßte Zuneigung zu ihnen, es deuchte sie jammerschade, von ihnen wegzufliegen, sie hoffte, sie für ihr Leben zu gewinnen, so daß sie sich entschlössen, mitzufolgen, wenn der Zug fortflöge.

Zu dem Zweck ließ sie sich auf jede Weise mit ihnen ein, versuchte sie zu locken, daß sie ein wenig höher stiegen und dann noch ein wenig höher im Flug, damit sie dann womöglich im Zuge mitfolgen könnten, erlöst von diesem elenden, mittelmäßigen Leben, auf Erden zu watscheln als ehrbare zahme Gänse.

Zu Anfang schien es den zahmen Gänsen, dies sei ganz unterhaltsam, sie hatten die Wildgans gern. Aber bald wurden sie ihrer überdrüssig, so gaben sie denn grobe Worte von sich, setzten sie zurecht als eine phantastische Närrin ohne Erfahrung und ohne Weisheit. Ach, und die Wildgans hatte sich leider zu sehr mit den zahmen Gänsen eingelassen, sie hatten allmählich Macht über sie bekommen, so daß ihre Worte etwas für sie bedeuteten – und das Ende vom Liede war, daß die Wildgans eine zahme Gans wurde.

Man kann in gewissem Sinne sagen: Was die Wildgans wollte, sei hübsch gewesen, doch war es ein Mißverständnis; denn – dies ist das

Gesetz – eine zahme Gans wird niemals zur Wildgans, wohl aber kann eine Wildgans zur zahmen Gans werden.

Sollte deshalb auf irgendeine Art lobenswert sein, was die Wildgans tat, dann muß sie vor allem unbedingt auf eines achten: daß sie sich selbst hütet; sobald sie merkt, daß die zahmen Gänse auf irgendeine Weise Macht über sie bekommen – dann fort, fort mit dem Zug.

Das gilt für das Genie. Das Gesetz ist: Eine zahme Gans wird niemals zur Wildgans, hingegen kann wohl eine Wildgans zur zahmen Gans werden – deshalb hüte dich!

Christlich ist es nicht ebenso. Gewiß ist der wahre Christ, über den der Geist herrscht, vom gewöhnlichen Menschen verschieden wie die Wildgans von den zahmen Gänsen. Aber das Christentum lehrt ja gerade, wozu ein Mensch im Leben werden kann. Hier ist also Hoffnung, daß eine zahme Gans zu einer Wildgans werden kann. Deshalb bleibe bei ihnen, diesen zahmen Gänsen, bleibe bei ihnen, nur mit dem einen beschäftigt, sie für die Verwandlung gewinnen zu wollen – aber um Gottes im Himmel willen achte auf eines: Sobald du merkst, daß die zahmen Gänse anfangen, Macht über dich zu bekommen, dann fort, auf und davon mit dem Zug, auf daß es nicht damit ende, daß du wie eine zahme Gans wirst, glücklich gemacht in der Jämmerlichkeit.

Hinterlist

Auch das ist eine Form von Hinterlist oder kann es sein: wenn man die Milde rühmt oder sich ihrer rühmt usw., daß man andere nicht richtet. Denn zuweilen kann das ja auch seinen Grund in Feigheit haben, in irdischer Klugheit und dgl., daß man sich den Gefahren nicht aussetzen will, die damit verbunden sind, daß man jemanden wirklich richtet. Denn es ist ja niemals im Leben so, daß, wenn einer einen anderen richtet, dann die Sache damit entschieden ist; nein, der andere hat ja auch eine gewisse Macht, die er dann gegen den ersten gebrauchen wird. Außerdem verpflichtet der Richtende durch Richten sein eigenes Leben stärker, setzt sich dem aus, daß man ihm stärker auf die Finger sieht usw.

Insofern ist es hier wieder eine eigene Sache damit, daß man so ohne weiteres das Wort des Evangeliums vom Nicht-Richten geltend macht, vielleicht auch in bezug auf jemanden, den nichts weniger als evangelische Gründe bestimmen, das Richten bleiben zu lassen.

Jünger

Die Nachfolge muß angebracht werden, um Druck zu üben zur Demütigung. Ganz schlicht auf folgende Art: Ein jeder soll gemessen werden am Vorbild, am Ideal. All das Gerede, dies sei bloß zu den Aposteln gesagt und jenes bloß zu den Jüngern, und das bloß zu den ersten Christen usw. usw., es muß fort. Christus will jetzt ebensowenig, wie er es damals wollte, Bewunderer haben, geschweige denn Schwatzköpfe, sondern allein Jünger. »Der Jünger« ist der Maßstab; die Nachfolge und Christus als Vorbild müssen angebracht werden! Daß ich dabei durchfalle oder auf die letzte Bank komme: darein finde ich mich demütig. Aber ich und jedermann soll am Ideal gemessen werden; nach dem Ideal soll es bestimmt werden, wo ich bin. Keineswegs soll – und Gott sei Dank, daß es nicht soll, denn es ist ja doch eine traurige, eine erbärmliche Kurzsichtigkeit, die hohe Würde, daß man als schlechtester Schüler sich zum Ideal verhält, zu verkaufen, um der Mittelmäßigkeit eingebildete Zufriedenheit dank dem Vergleich mit anderen zu gewinnen, eine Kurzsichtigkeit gleich der, mit der Esau sein Erstgeburtsrecht gegen ein Gericht Linsen verkaufte – keineswegs soll es so sein, daß wir Menschen die Freiheit haben, die idealen Forderungen abzuschaffen, indem wir sagen, das sei nichts für uns, und dann eine gewisse Mittelmäßigkeit erfinden, und dann allda anfangen, und dies zum Maßstab machen, und dann vielleicht sogar etwas Ausgezeichnetes werden – dieweil nämlich der Maßstab umgeändert worden ist nach unserem Maß.

Laß mich mit einem Bilde erklären, was ich meine.

Nimm eine Schule, laß in ihr, so können wir ja annehmen, laß in ihr eine Klasse von hundert gleichaltrigen Schülern sein, welche das gleiche lernen sollen und am gleichen Maßstab gemessen werden. Nr. 70 zu sein und von da ab weiter herunter, das heißt, tief unten in der Klasse sitzen. Wie, wenn nun die dreißig Schüler von Nr. 70 ab sich einfallen ließen, ob es ihnen nicht gestattet werden könne, eine eigene Klasse für sich zu bilden. Geschähe so, dann würde somit Nr. 70 Nr. 1 in der Klasse. Dies hieße aufsteigen – ja, wenn man so will; nach meinen Begriffen hieße es, noch weiter herunter kommen, herabsinken zu erbärmlicher, verlogener Selbstzufriedenheit, denn es heißt doch weit höher stehen, wenn man sich wahrheitsgemäß darein findet, nach einem echten Maßstabe Nr. 70 zu sein.

Ebenso denn in des Lebens Wirklichkeit. Was ist Spießbürgerlichkeit, was ist Geistlosigkeit? Es ist dies, daß man den Maßstab verändert hat durch Fortlassen der Ideale, daß man den Maßstab verändert hat gemäß dem, wie wir Menschen, die jetzt hierzuort leben, nun einmal sind. Ganz Europa kann spießbürgerlich sein, und eine kleine entlegene Landstadt kann vielleicht es nicht sein. Alles hängt davon ab, ob der wahre Maßstab angewandt wird. Aber das sinnliche Wohlsein ist kein Freund vom Maßstab der Ideale.

Siehe, deshalb ist es mit der Christenheit zurückgegangen, weil man die Nachfolge abgeschafft und sie noch nicht einmal angebracht hat, um zu drücken – eine umgekehrte babylonische Empörung wider den Himmel, eine umgekehrte, denn in Babel versuchte man (was bei aller Verleugnung doch weit, weit vorzuziehen ist) mit einem Aufstand den Himmel zu stürmen, das andre ist ein Versuch, in Eigenklugheit und Selbstzufriedenheit vermöge eines Abfalls vom Himmel und von den Idealen geschieden zu werden.

Der Apostel Petrus

Man spricht herabsetzend von seiner Verleugnung und dann rühmend von seinem späteren Leben. Aber da ist eines, worauf man nicht hinreichend achtet: daß ein Blick für ihn genug war. Unter Millionen fände sich kaum einer, für den unter diesen Umständen ein Blick genug wäre. So wie die Menschen jetzt sind, hätten sie vermutlich jeder sich selbst höchst glücklich gepriesen in großer Selbstzufriedenheit, weil sie den Meister klug im Stich gelassen hätten; und sofern er seinen Blick auf sie geheftet hätte, hätten sie wohl jeder selbstzufrieden so gedacht: Ich bin doch klug genug, um nicht so zu tun, als merkte ich etwas.

Die Nachfolge – die Versöhnung

Aber ungeachtet dessen, daß es nun gewiß so ist, daß auf die »Nachfolge« gedrungen werden soll, wenn auch (belehrt durch die Irrung des Mittelalters) in einem anderen Sinn; so soll doch um alles in der Welt die Sache nicht so gewendet werden, als bleibe Christus nun bloß Vorbild, nicht Versöhner, als bedürfe es der Versöhnung nicht, zumindest nicht für die Fortgeschrittenen.

Nein, nein, nein – und was dies betrifft: Gerade je fortgeschrittener jemand ist, desto mehr wird er entdecken, daß er der Versöhnung und der Gnade bedarf.

Nein, die Versöhnung und die Gnade bleiben das Entscheidende. Jedes Streben in Richtung auf Nachfolge wird, wenn nun der Augenblick gekommen ist, da der Tod es beendet, doch vor Gott Erbärmlichkeit sein: also sind da Gnade und Versöhnung nötig. Außerdem: Während man strebt, wird in jeder Sekunde die Versöhnung nötig sein, damit dieses Streben nicht in eine qualvolle Angst verwandelt wird, in welcher ein Mensch gleichsam verbrennt und so denn am allerwenigsten zum Streben kommt. Endlich wird man, während man strebt, jeden zweiten Augenblick fehlgreifen, lässig sein, sündigen. Also ist die Versöhnung unbedingt vonnöten.

Die Nachfolge soll – obschon in äußerster Anstrengung – wie ein Scherz, eine Kindlichkeit sein, falls sie im Ernst, also vor Gott und in Richtung auf Verdienst, etwas bedeuten sollte: die Versöhnung ist der Ernst. Aber das Abscheuliche ist, wenn ein Mensch, »da es doch nun einmal Gnade ist«, sich das zunutze machen will, um jedes Streben zu unterlassen.

Es ist wie mit einem Kind, wenn es, wie man sagt, mit Güte erzogen wird: Das verdorbene Kind wird daran kenntlich sein, daß es sich die Güte der Eltern zunutze macht, um nachlässig zu sein, kurz dergestalt wie die Eltern nicht wollen, daß es sein solle. Das andere Traurige wäre, wenn das Kind, da es fleißig strebte, aufgrund des Umstandes, daß es mit Güte erzogen wird, darauf aus wäre, Verdienste haben zu wollen. Nein, es gibt nichts, was in dem Maße darauf berechnet ist, Verdienste und das Verdienstliche zu verhindern, wie das Erzogenwerden mit Güte. Es sieht einen Augenblick täuschend gerade umgekehrt aus; denn wenn ich bloß mit Güte erzogen werde, so daß im Sinne der Strenge nichts gefordert wird, sondern alles Gnade ist: dann scheint ja auch das geringste bißchen Streben verdienstlich zu sein. O mein Freund, eben dies, daß im Sinne der Strenge nicht gefordert wird, daß du bloß mit Güte erzogen wirst, eben das macht es unmöglich, daß dein Streben – auch das größte – verdienstlich werden könnte. Ja, wo etwas streng gefordert wird – da kann vom Verdienstlichen die Rede sein; aber wo alles Gnade ist, da ist das Verdienstliche unmöglich; es ist unmöglich, Verdienste zu erwerben gegenüber der Gnade. Aber, wie gesagt, schäbig, schändlich, wenn jemand sich das zunutze machen will, um das Streben zu unterlassen.

* * *

Es soll nicht mit der Nachfolge begonnen werden, sondern mit der »Gnade«, dann soll die Nachfolge nachfolgen als eine Frucht der Dankbarkeit, so gut man nun kann.

Nimm ein Liebesverhältnis zwischen Mensch und Mensch. Das Verhältnis soll nicht dies sein, daß der Liebende sich selbst damit abmartert, ob er nun in jedem Augenblick den möglichen Forderungen der Geliebten entspreche; denn das ist nicht Liebe, sondern heißt die Liebe verdienen, sie verdienen wollen, und vergessen, daß die Geliebte ja nicht ein Gläubiger, sondern eine Liebende ist. Nein, es beginnt mit der Freude darüber, geliebt zu sein – und dann folgt ein Streben, der Geliebten zu Gefallen zu sein, das doch ständig dadurch ermuntert wird daß man gleichwohl geliebt ist, auch wenn es mißlingt.

Aber im Verhältnis zu Christus ist es das Schwierige, doch bloß so geisthaft zu werden, daß man recht begreift, wie unendlich viel Christus für mich getan hat: welch ungeheures Übel die Sünde ist, und welch außerordentliches Gut eine ewige Seligkeit ist.

Eine Ewigkeit, um zu bereuen

Laß mich eine Geschichte erzählen. Ich habe sie nicht in einer Erbauungsschrift gelesen, sondern in einem sogenannten Unterhaltungsbuch. Doch trage ich kein Bedenken, sie zu benutzen, ich sage dies nur, damit es niemanden störe, wenn er sie zufällig kennen sollte oder später erführe, woher ich sie habe – auf daß es niemanden störe, daß ich es verschwiegen hätte.

Irgendwo im Morgenland lebte ein Paar, arme alte Leute, Mann und Frau. Sie hatten, wie gesagt, nur die Armut; und die Sorge um die Zukunft wuchs, natürlich, mit dem Gedanken an das Alter. Sie bestürmten wohl den Himmel nicht mit ihren Bitten, dazu waren sie zu gottesfürchtig, aber sie riefen doch wieder und wieder den Himmel um Hilfe an.

Da geschah es eines Morgens, daß die Frau, wie sie zur Feuerstelle hinauskommt, einen sehr großen Edelstein auf dem Herd liegen findet; sie eilt sogleich hinein und zeigt den Stein ihrem Mann, welcher, derlei kundig, leicht sieht, daß ihnen nun für ihr Lebtag geholfen ist.

Freundliche Zukunft für diese alten Leute, welche Freude! Doch genügsam und gottesfürchtig, wie sie waren, beschlossen sie, weil sie doch für diesen Tag noch hatten, wovon sie leben konnten, den Edelstein diesen Tag noch nicht zu verkaufen. Morgen aber sollte er verkauft werden und von morgen an ein neues Leben beginnen. In der Nacht vor dem nächsten Tag oder vor diesem »morgen« träumte der Frau, sie sei ins Paradies entrückt. Ein Engel zeigte ihr all die Herrlichkeit ringsum, die eine morgenländische Einbildungskraft erfinden kann. Dann führte der Engel sie auch in einen Saal, wo lange Reihen von Lehnstühlen standen, über und über geschmückt mit Edelsteinen und Perlen, bestimmt, wie der Engel erklärte, für die Frommen. Endlich zeigte er ihr auch einen – bestimmt für sie. Wie sie nun näher hinsah, sieht sie, da fehlt ein sehr großer Edelstein an der Lehne des Stuhls. Sie fragt den Engel, woher das käme. Er – oh, gib nun wohl acht, nun kommt die Geschichte! Der Engel antwortete: Das war der Edelstein, den du auf dem Herde fandest; den hast du im voraus bekommen, und er kann nicht wieder eingesetzt werden.

Am Morgen erzählt die Frau ihrem Manne den Traum – und sie war der Meinung, es sei dann doch besser, die paar Jahre noch auszuhalten, die sie noch zu leben hätten, als daß die ganze Ewigkeit lang der Edelstein fehlen sollte. Und ihr frommer Mann war derselben Meinung.

So legten sie am Abend den Stein wieder auf den Herd hinaus; baten Gott am Abend, er möge ihn zurücknehmen. Den nächsten Morgen war er ganz richtig fort; wo er geblieben war, das wußten ja die alten Leute, er war nun an seinem rechten Platz.

Dieser Mann war wahrlich glücklich verheiratet, seine Frau eine vernünftige Frau. Aber wäre es auch im übrigen wahr, was man oft sagt, daß es die Frauen seien, welche ihre Männer dahin bringen, daß sie das Ewige vergessen: Wenn auch alle unverheiratet wären, so hat doch ein jeder in sich selbst etwas, was schlauer und eindringlicher und unablässiger, als ein Weib es kann, einen Menschen dahin bringen möchte, das Ewige zu vergessen; ihn dahin bringen, daß er falsch mißt, als seien ein paar Jahre oder 10 Jahre oder 40 Jahre eine so ungeheuer lange Zeit, daß wohl gar die Ewigkeit im Vergleich damit zu etwas ganz Kurzem wird, anstatt daß umgekehrt diese Jahre etwas sehr Kurzes sind und die Ewigkeit ungeheuer lang.

Merk dir das gut! Du kannst vielleicht, klüglich, dem entgehen, was Gott nun einmal nach seinem Gefallen mit dem Christsein vereint hat, nämlich dem Leiden und der Widerwärtigkeit; du kannst vielleicht, wenn du dich klug heraushältst, zu deinem eigenen Verderben das Entgegengesetzte erreichen, erreichen, was Gott für ewig vom

Christsein gesondert hat, nämlich Genuß und alle irdischen Güter; du kannst vielleicht, betört von deiner Klugheit, dich zuletzt völlig verlieren in der Einbildung, daß gerade der Weg, auf dem du bist, der rechte sei, weil du das Irdische gewinnst: und dann – eine Ewigkeit, um zu bereuen! Eine Ewigkeit, um zu bereuen, nämlich zu bereuen, daß du die Zeit nicht zu dem genutzt hast, daran man ewig gedenken kann: in Wahrheit Gott zu lieben, was die Folge hat, daß du in diesem Leben dahin kommst, von den Menschen zu leiden.

Deswegen, betrüge dich nicht selbst, fürchte dich von allen Betrügern am meisten vor dir selbst! Wäre es auch für einen Menschen möglich, im Verhältnis zum Ewigen etwas vorwegzunehmen, du betrögest ja doch dich selber mit dem: etwas vorweg – und dann eine Ewigkeit, um zu bereuen!

Der Bewunderer

Allein der Nachfolgende ist der wahre Christ. Der »Bewunderer« nimmt eigentlich ein heidnisches Verhältnis zum Christentum ein; und daher brachte auch die Bewunderung mitten in der Christenheit ein neues Heidentum zur Welt: die christliche Kunst.

Ich möchte niemanden richten, keineswegs, ich halte es jedoch für meine Pflicht, auszusprechen, was ich empfinde.

Wäre es mir nun wohl möglich, das will heißen, könnte ich mich wohl überreden, mich dahin bringen, den Pinsel zu tauchen, den Meißel zu heben, um Christus in Farben darzustellen oder seine Gestalt auszuhauen? Daß ich dazu unfähig bin – das heißt, daß ich kein Künstler bin –, ist ja etwas, was nicht zur Sache gehört; ich frage lediglich, wieweit es mir möglich wäre, wenn ich die Fähigkeiten, die dazu vorausgesetzt werden, besäße. Und ich antworte: Nein, es wäre mir unbedingt eine Unmöglichkeit. Ja, ich meine nicht einmal, wirklich damit ausgedrückt zu haben, was ich empfinde, denn es wäre mir so sehr eine Unmöglichkeit, daß es mir unbegreiflich ist, wie es überhaupt jemandem möglich gewesen ist.

Man pflegt zu sagen: Mir ist die Ruhe unbegreiflich, mit der ein Mörder sich hinsetzen und das Messer schleifen kann, mit dem er einen anderen Menschen töten will. Und auch mir ist es unbegreiflich. Indes, in Wahrheit, es ist mir auch unbegreiflich, woher wohl solch ein Künstler die Ruhe genommen hat, oder denn, mir ist unbegreiflich die Ruhe, mit der solch ein Künstler jahraus-jahrein daran gesessen, fleißig daran gearbeitet hat, Christus zu malen – ohne daß es ihm eingefallen wäre, ob Christus wohl danach verlangte, gemalt zu werden, danach verlangte, sein Bildnis – wie idealisiert es auch sei – dargestellt zu sehen vom Pinsel des Meisters. Ich begreife nicht, wie der Künstler sich seine Ruhe bewahrt hat, daß er nicht Christi Unwillen gespürt, plötzlich alles über den Haufen geworfen, Pinsel und Farben, so wie Judas die dreißig Silberlinge, weit von sich geworfen hat, weil er plötzlich verstand, daß Christus allein »Nachfolgende« gefordert hat, daß Er, der hier in der Welt in Armut und Geringheit lebte, ohne zu haben, da er sein Haupt hinlegen konnte, und so lebte nicht vermöge eines Zufalls dank der Unfreundlichkeit des Geschicks, indem er selber nach anderen Verhältnissen Begehr trug, sondern gemäß freier Wahl kraft eines ewigen Ratschlusses – daß er schwerlich danach verlangt hat oder verlangt, nach seinem Tode solle ein Mann seine Zeit und vielleicht seine Seligkeit damit verderben, daß er ihn malte.

Ich begreife es nicht!

Mir wäre der Pinsel im gleichen Augenblick, da ich anfangen wollte, aus der Hand gefallen, ich wäre vielleicht niemals wieder ein Mensch geworden. Ich begreife nicht die Ruhe dieses Künstlers bei einer derartigen Arbeit, diese künstlerische Gleichgültigkeit, die ja gleichsam eine Verhärtung ist wider den religiösen Eindruck des Religiösen, eine Willkür, eine grausame Lust, gleich der des Tyrannen, der den Genuß des Wohllauts herauspreßte aus dem Schrei der Gemarterten, also kraft gesteigerter Grausamkeit ihr Schreien dazu umschuf, für ihn etwas ganz anderes zu bedeuten – diese künstlerische Gleichgültigkeit, die sicherlich ihren Ausdruck gefunden hat in dem, was ihn umgab, sofern das Bild der Göttin der Wollust in seinem Arbeitsgemache stand und ihn ebenso stark beschäftigte, so daß er erst nach dessen Vollendung daran ging, den Gekreuzigten darzustellen. Ist dies nicht doch ein Umgang mit dem Heiligen wider dessen Natur?

Und dennoch, der Künstler bewunderte sich selbst, und alle bewunderten den Künstler. Der Standpunkt des Religiösen verschob sich ganz und gar; der Beschauer betrachtete das Bild in der Eigenschaft eines Kunstkenners: ob es nun gelungen sei, ob es ein Meisterwerk sei, ob das Spiel der Farben richtig sei, und die Schlagschatten, ob Blut so aussehe, ob der Ausdruck des Leidens künstlerisch wahr sei – aber eine Aufforderung zur Nachfolge entdeckte er nicht.

Den Künstler bewunderte man, und was wirkliches Leiden, des Heiligen wirkliches Leiden gewesen ist, das setzte der Künstler gewissermaßen in Geld und Bewunderung um, gleich als wenn ein Schauspieler einen Bettler darstellt und nun beinahe das Mitleid auf sich zieht, das von Rechts wegen der wirklichen Armut zukäme, vor der man hartherzig zurückschaudert und die man zu guter Letzt wohl unwahr findet im Vergleich mit der Darstellung des Schauspielers.

Ja, es ist mir unbegreiflich, noch einmal, es ist mir unbegreiflich; denn es ist dem Künstler vielleicht niemals beigekommen, daß es Schändung des Heiligen sei – und das ist mir noch unbegreiflicher. Jedoch eben darum enthalte ich mich jeglichen Urteils, auf daß ich nicht Unrecht tue; aber ich erachte es als meine Pflicht, auszusprechen, was ich doch mit Recht ein christliches Empfinden nennen darf. Es ist kein Vorschlag, den Künstler oder auch nur ein einziges Kunstwerk anzutasten, keineswegs, nein, es ist ein Rätsel, das ich mich verpflichtet fühle aufzugeben. Denn daß, was ich sage, christlich ist, dessen bin ich in innerster Seele gewiß; aber ich darf mich nicht für einen so vollendeten Christen ausgeben, daß ich meinen dürfte, ich hätte es in jedem Augenblick gleichmäßig gegenwärtig oder könnte jegliche Folge des hier Gesagten auf mich nehmen. Aber das Gesagte ist für mich, und ich meine, es ist auch für die Christenheit gleichsam eine Seemarke, mit deren Hilfe sich entdecken läßt, in welche Richtung die Christenheit eigentlich steuert, ob tiefer und tiefer hinein in das Christentum oder weiter und weiter fort vom Christentum.

Bald ist es so weit gekommen, daß ein Bewunderer des Christentums eine Seltenheit ist; der Durchschnitt ist lau, weder kalt noch warm, und viele sind Freidenker, Spötter, starke Geister, Leugner. Aber der »Bewunderer« ist ja doch im strengsten Sinne kein wahrer Christ; kann man nicht sagen, daß er lau sei, sintemal Hitze in ihm ist, so kann man doch auch nicht sagen, er sei warm. Allein der Nachfolgende ist der wahre Christ.

* * *

Wenn keine Gefahr ist, wenn Windstille herrscht, wenn alles dem Christentum günstig ist, so ist es nur allzu leicht, einen Bewunderer mit einem Nachfolgenden zu verwechseln, und das kann ganz unmerklich geschehen: der Bewunderer kann in der Einbildung hinsterben, daß das Verhalten, das er angenommen hat, das wahre sei. Darum achte auf die Gleichzeitigkeit.

Nikodemus

Die heilige Geschichte hat uns die Erzählung aufbewahrt von noch einem anderen Bewunderer, *Nikodemus*. In der bestehenden Christenheit wird ja einmal im Jahre über Nikodemus gepredigt, also von diesen Tausenden und Abertausenden von Pastoren. Die Sache wird dabei folgendermaßen dargestellt. Der Pastor sagt: »Im Grunde ist doch Nikodemus ein schwacher Mensch gewesen; anstatt sich am offenen Tage an Christus anzuschließen, schleicht er sich aus Menschenfurcht bei der Nacht zu ihm.« In dieser Rede gefällt sich der »Pastor«, und diese Rede hat etwas Wohlgefälliges in den Augen der Gemeinde – sie ist ja auch äußerst höflich, sintemal sie eigentlich stillschweigend einschwärzt, daß sowohl der Pastor wie alle die Anwesenden ganz andre Leute als Nikodemus sind – sie bekennen ja Christus ganz offen, ohne die Menschen zu fürchten – vortrefflich, da die Lage sich so gewandelt hat, daß die meisten wohl eher aus Menschenfurcht sich abhalten lassen, sich vom Christentum loszusagen! Wenn so gepredigt wird, was Wunder dann, daß das Christentum, um es gerade heraus zu sagen, mit der Zeit ganz und gar zu Geschwätz geworden ist; was Wunder dann, um an ein Wort Luthers aus einer seiner Predigten zu erinnern, daß »der Blitz« (das Feuer des göttlichen Grimms) »am liebsten in die Kirchen schlägt«; was Wunder – eher wohl verwunderlich, daß er nicht jeden Sonntag einschlägt, um solch eine Predigtweise zu treffen, die nichts anderes ist als eine Art von Ausschweifung, sofern der Prediger sich und den Zuhörern anlügt, was von ihnen schlechterdings nicht wahr ist.

Christus als Vorbild – und als Versöhner

Sollte von einem Unterschied zwischen den »Evangelien« und den »Briefen« die Rede sein, so müßte das der sein, daß in den »Briefen« Christus besonders als der Versöhner hervorgehoben ist, sein versöhnender Tod, die Gnade; im Evangelium erscheint Christus mehr als Vorbild.

Man kann nun auch sagen: wofern Christus bloß der Versöhner wäre, so daß sein Tod die Hauptsache wäre, so hätte er nicht so lange auf Erden zu leben brauchen, hätte sich nicht als Kind gebären, nicht zu wachsen brauchen usw.

Indessen ist doch zu bemerken, daß doch immer einige Zeit nötig gewesen wäre, damit er das Opfer werden konnte, denn sein Tod mußte ja doch zugleich die Schuld der Menschen sein, so daß immer einige Zeit nötig gewesen wäre, um die Lage zuwegezubringen, daß *das menschliche Geschlecht* ihn totschlug.

Soweit man nun sagen kann, in den Evangelien trete das »Vorbild« mehr hervor, so wird das doch dadurch aufgewogen, daß von seinem ganzen übrigen Leben eigentlich nichts erzählt wird, was von Wichtigkeit gewesen wäre, falls er besonders als das Vorbild hervorgehoben werden sollte. Und auf der anderen Seite: die drei Jahre, in denen er das Vorbild ist oder es aushält, das Vorbild zu sein, diese drei Jahre sind wohl ungefähr die kürzeste Zeit, die in geschichtlichen Größenverhältnissen – nötig war, um die Katastrophe zuwegezubringen, die sein Versöhnungstod wurde. Er ist also in keinem Augenblick dieser drei Jahre einzig und allein als das Vorbild da, sondern sein Dasein verhält sich zur Katastrophe, in der er dann, wozu er ewig bestimmt war und sich frei bestimmt hatte, der Versöhner ist.

Die, welche nur halb Wahrheitszeugen wurden

Oft habe ich über folgendes nachgedacht: Wenn anders jemand eine Lobrede verdiente, dann gerade solche Männer, die auf gewisse Weise Märtyrer wurden, insofern sie um des Lebens Freuden kamen, und die dennoch den verwelklichen Kranz der Märtyrer-Ehre nicht ernteten, weil ihnen im entscheidenden Augenblick ein wenig Angst wurde und sie vielleicht widerriefen oder ein wenig nachgaben, wie z.B. einer von den Vorläufern der Reformation, nämlich Wessel. Es ist mir so widerwärtig, einen Professor oder seinesgleichen zu lesen, der dann in herabsetzenden Ausdrücken von einem solchen Menschen redet, oder was ich in einer Darstellung des Lebens Calvins gelesen habe, wo der Verfasser ganz wie ein Oberhofmarschall den armen Servet zurechtweist und nicht bedenkt, daß Servet doch zuletzt freimütig dem Tode entgegenging und seiner Behauptung treu blieb noch im letzten Augenblick. Oh, diese elende Sippschaft von Dozenten, die niemals auch nur einen Heller gewagt haben und dann solche Männer zurechtweisen.

Ich schätze es nicht, daß ein Mensch sich weiter hinauswagt, als er durchführen kann, aber in Gottes Namen, dann ist er auch hart genug damit gestraft, daß er mit diesem Knacks leben muß. Aber auf jeden

Fall ist ein solcher Mensch, ein solch unglücklicher Halbmatrose, doch natürlich unendlich viel mehr wert als Millionen Dozenten und die ganzen Heringsschwärme von Menschen, welche die Leiden anderer zum Broterwerb und zur Leidenschaft machen, Professoren darüber werden, und jene obendrein zurechtweisen, als seien sie selbst ganz andere Kerle, was sie freilich auch in gewissem Sinne sind, nämlich Schwätzer.

* * *

Gott schafft Alles aus Nichts – und Alles, was Gott gebrauchen will, macht er zuerst zu Nichts.

* * *

Wahr ist es, das Christentum soll folgendermaßen dargestellt werden (darin liegt die Möglichkeit des Ärgernisses): Falls nicht das Sündenbewußtsein einen Menschen treibt, so muß ein Mensch verrückt sein, um sich mit dem Christentum einzulassen. Es muß ein Ende gemacht werden mit all dem weichlichen Geschwätz davon, daß das Christentum die tiefste Sehnsucht befriedige usw. Nein, nur »Kampf und Not eines geängsteten Gewissens« können einem zu dem Wagnis helfen, mit dem Christentum etwas zu tun haben zu wollen, sonst ist es zum Ärgernis und soll zum Ärgernis sein.

Man lebt nur einmal

Diese Worte hört man so oft in der Welt. »Man lebt nur einmal; deshalb möchte ich Paris sehen, bevor ich sterbe«, oder so schnell wie möglich ein Vermögen sammeln, oder doch zuletzt etwas Großes in dieser Welt werden – »denn man lebt nur einmal«.

Seltener kommt es vor, aber es kommt doch vor, daß ein Mensch nur einen Wunsch hat, ganz bestimmt nur einen Wunsch. »Dies«, sagt er, »dies möchte ich wünschen; oh, daß dieser mein Wunsch erfüllt würde, denn, ach, man lebt nur einmal!«

Denk dir nun einen solchen Menschen auf seinem Sterbebett. Der Wunsch ist nicht erfüllt worden, seine Seele aber hängt unverändert an diesem Wunsch – und nun, nun ist es nicht mehr möglich. Da erhebt er sich auf seinem Lager; mit der Leidenschaft der Verzweiflung spricht er noch einmal seinen Wunsch aus: »O Verzweiflung, er wird nicht erfüllt; Verzweiflung, man lebt nur einmal!«

Das scheint entsetzlich, und ist es wahrlich; aber nicht, wie er es meint; denn das Entsetzliche ist doch nicht, daß der Wunsch nicht erfüllt worden ist, das Entsetzliche ist die Leidenschaft, womit er daran hängt. Sein Leben ist nicht deshalb vergeudet, weil sein Wunsch nicht erfüllt worden ist, keineswegs; ist sein Leben vergeudet, dann deshalb, weil er seinen Wunsch nicht aufgeben wollte, weil er nichts Höheres vom Leben lernen wollte als das mit seinem einzigen Wunsch, als ob dessen Erfüllung oder Nichterfüllung alles entschiede.

Das wahrhaft Entsetzliche ist darum etwas ganz anderes. Wenn z. B. ein Mensch auf seinem Sterbebett entdeckte, oder wenn ihm doch auf seinem Sterbebett erst deutlich würde, was er sein Leben lang dunkler verstanden hatte, aber niemals hatte verstehen wollen: daß man in dieser Welt müsse für die Wahrheit gelitten haben, um ewig selig werden zu können – und man lebt nur einmal, dies eine Mal, das nun für ihn vorbei ist! Und man hätte es ja in seiner Macht gehabt; und die Ewigkeit verändert man nicht, die Ewigkeit, welcher man dann gerade sterbend als seiner Zukunft entgegengeht!

Wir Menschen sind von Natur geneigt, das Leben auf folgende Weise zu betrachten: Wir sehen das Leiden für ein Übel an, dem wir auf jede Art zu entgehen suchen. Und wenn uns das dann glückt, glauben wir einmal auf unserem Sterbebett mit besonderem Fug und Recht Gott danken zu können, daß wir mit dem Leiden verschont worden sind. Wir Menschen meinen, es komme darauf an, daß wir bloß gut und glücklich durch diese Welt hindurchschlüpfen können; und das Christentum meint, daß alle Schrecken eigentlich von der anderen Welt her kommen, daß die Schrecknisse dieser Welt wie ein Kinderspiel sind im Vergleich mit den Schrecken der Ewigkeit, und daß es deshalb gerade nicht darauf ankommt, gut und glücklich durch dieses Leben hindurchzuschlüpfen, sondern darauf, durch Leiden sich richtig zur Ewigkeit zu verhalten.

Man lebt nur einmal; ist, wenn der Tod kommt, dein Leben wohl genutzt, d. h. so genutzt, daß es sich richtig zur Ewigkeit verhält: Gott sei ewiglich gelobt; ist es das nicht, so ist es ewig nicht wiedergutzumachen – man lebt nur einmal!

Man lebt nur einmal; so ist es hier auf Erden. Und während du es nun lebst, dieses eine Mal, dessen Erstreckung in der Zeit dahinschwindet mit jeder schwindenden Stunde, sitzt der Gott der Liebe im Himmel und liebt liebevoll auch dich. Ja, er liebt dich; deswegen möchte er so gern, daß du doch endlich willst, wie er es um der Ewigkeit willen mit dir will: daß du dich doch entschließen könntest, leiden zu wollen, das heißt, daß du dich entschließen könntest, ihn lieben zu wollen, denn ihn kannst du nur so lieben, daß du leidest; oder wenn du ihn liebst, wie er geliebt sein will, so mußt du leiden. Vergiß nicht, man lebt nur einmal; ist das versäumt, kommst du nicht zum Leiden, hast du dich ihm entzogen: Das ist ewig unwiederbringlich. Dich zwingen, nein, das will der Gott der Liebe um keinen Preis, er bekäme dann etwas ganz anderes als das, was er will; wie könnte es auch der Liebe einfallen, sich erzwingen zu wollen, daß sie geliebt wird! Aber Liebe ist er, und aus Liebe will er, du sollest, wie er will; und in Liebe leidet er, wie nur unendliche und allmächtige Liebe leiden kann, was kein Mensch fassen mag; dergestalt leidet er, wenn du nicht willst, wie er will.

Gott ist Liebe; niemals wurde der Mensch geboren, den dieser Gedanke – besonders wenn er ihm derart näher kommt, daß er versteht, Gott sei Liebe, bedeute: Du bist geliebt – den dieser Gedanke nicht überwältigte in unbeschreiblicher Seligkeit. Im nächsten Augenblick, wenn die Einsicht kommt, »dies bedeutet: leiden müssen«: grauenvoll! »Ja, aber Gott will das aus Liebe, er will es, weil er geliebt sein will; und daß er von dir geliebt sein will, ist seine Liebe zu dir«: nun wohl! – Im nächsten Augenblick, sobald es Ernst wird mit dem Leiden: grauenvoll! »Ja, aber das geschieht aus Liebe; du ahnst nicht, wie er leidet, weil er sehr gut weiß, daß das Leiden schmerzt; ändern aber kann er sich dennoch nicht, dann müßte er ja etwas anderes als Liebe werden«: nun, wohl! – Im nächsten Augenblick, sobald es wirklicher Ernst wird mit dem Leiden: grauenvoll!

Jedoch gib acht, gib acht, daß nicht die Zeit, vielleicht in nutzlosem Leiden, ungenutzt vergeht, vergiß nicht: Man lebt nur einmal; kann es dir helfen, dann betrachte die Sache auch auf folgende Weise: Sei dessen sicher, daß Gott in Liebe mehr leidet, als du leidest, ohne daß er sich doch deswegen verändern könnte. Vor allem aber, vergiß nicht: Man lebt nur einmal; es gibt Verluste, die ewig unwiederbringlich sind, so daß die Ewigkeit – noch grauenvoller! – weit davon, die Erinnerung an das Verlorene auszulöschen, ein ewiges Erinnern an das Verlorene ist!

* * *

Es ist so rührend, am Sonntag darüber zu predigen, daß Christus mit Sündern und Zöllnern verkehrte – aber am Montag ist es ein Verbrechen, auch nur mit dem einfachen Mann, mit einem Dienstboten zu sprechen. Es ist, wird man sagen, unvorsichtig, dumm, sich derart mit den Menschen einzulassen, anstatt sie von sich zu entfernen, und selten gesehen zu werden. Wie dumm muß da Christus doch gewesen sein!

28

Der Glaube ist ein unruhig Ding

Und wo stehen wir jetzt? Ich bin »ohne Vollmacht« – ferne sei es von mir, auch nur einen einzigen zu richten. Da ich diese Sache aber gerne aufgeklärt sähe, so will ich mich selbst vornehmen und mein Leben einen Augenblick prüfen nach einer einzigen lutherischen Bestimmung des Glaubens: »Der Glaube ist ein unruhig Ding.«

Ich nehme also an, Luther sei aus seinem Grab auferstanden; er habe bereits mehrere Jahre unter uns gelebt, jedoch ungekannt; habe auf das Leben geachtet, das wir führen, sei auf alle anderen aufmerksam gewesen und so denn auch auf mich. Ich nehme an, er rede mich jetzt eines Tages an und sage: »Bist du einer, der glaubt, hast du den Glauben?«

Jedermann, der mich als Schriftsteller kennt, wird sehen, daß ich vielleicht sogar der wäre, welcher bei einer solchen Prüfung am besten von allen davonkommen müßte; denn ich habe ja fort und fort gesagt: »Ich habe den Glauben nicht« – gleich wie der Vogel angstvoll vor einem Unwetter dahinflieht, so habe ich es ausgedrückt, hier ist etwas nicht geheuer, »ich habe den Glauben nicht«. Dies könnte ich mithin zu Luther sagen, könnte zu ihm sprechen: »Nein, lieber Luther, ich habe doch soviel Ehrerbietung gezeigt, daß ich sagte: Ich habe den Glauben nicht.«

Jedoch das will ich nicht geltend machen; sondern wie alle andern sich Christen und Gläubige nennen, so will auch ich sagen: »Ich bin ein Gläubiger«, denn sonst erhalte ich ja nicht die Aufklärung, welche ich begehre. Somit antworte ich: »Allerdings, ich bin ein Gläubiger.«

»Wie denn«, entgegnet Luther, »davon habe ich dir nichts angemerkt, und ich habe doch auf dein Leben acht gehabt; und du weißt, der Glaube ist ein unruhig Ding. Zu welchem Ende hat der Glaube, von dem du sagst, du habest ihn, dich beunruhigt? Wo hast du für die Wahrheit gezeugt und wo wider die Unwahrheit? Welche Opfer hast du gebracht, was hast du an Verfolgung erlitten um deines Christentums willen? Und daheim in deinem häuslichen Leben, woran ist deine Selbstverleugnung und Entsagung zu merken gewesen?«

»Ja, aber, lieber Luther, ich kann dir versichern, ich habe den Glauben.«

»Versichern, versichern, was ist das für ein Gerede! Wo es darum geht, ob man den Glauben habe, da bedarf es keiner Versicherung, falls man ihn hat (denn der Glaube ist ein unruhig Ding, man merkt es gleich); und keine Versicherung vermag zu helfen, falls man ihn nicht hat.«

»Ja, aber glaub es mir nur, ich kann versichern mit aller nur möglichen Feierlichkeit …«

»Ach, hör auf mit dem Geschwätz, was kann dein Versichern hier helfen!«

»Ja, aber wenn du nur eine von meinen Schriften lesen wolltest, wirst du sehen, wie ich den Glauben darzustellen vermag, und so weiß ich denn, daß ich ihn haben muß.«

»Ich glaube, der Mensch ist verrückt! Falls es so ist, daß du den Glauben darstellen kannst, so beweist das nur, daß du ein Dichter bist; und wenn du es gut machst, daß du ein guter Dichter bist; jedoch am wenigsten von allem, daß du ein Gläubiger bist. Vielleicht kannst du auch meinen, wenn du den Glauben darstellst, das würde denn beweisen, daß du ein guter Schauspieler wärest; du erinnerst dich wohl der Geschichte von jenem Schauspieler des Altertums, der sich in solchem Maße in das Rührende einzufühlen wußte, daß er sogar weinte, wenn er vom Theater nach Hause kam, und noch mehrere Tage danach weinte – dies bewies nur, daß er ein guter Schauspieler war. Nein, mein Freund, der Glaube ist ein unruhig Ding; er ist Gesundheit, jedoch stärker und heftiger als das hitzigste Fieber, und es hilft nichts, daß ein Kranker versichert: ›Ich habe kein Fieber‹, wenn der Arzt es am Pulsschlag fühlt; aber auch nicht, daß ein Gesunder behaupten will: ›Ich habe Fieber‹, wenn der Arzt, indem er den Puls fühlt, merkt, daß es nicht wahr ist – ebenso denn auch: Wenn man in deinem Leben den Pulsschlag des Glaubens nicht fühlt, so hast du auch den Glauben nicht. Spürt man hingegen des Glaubens Unruhe als den Pulsschlag in deinem Leben, so kann man sagen, daß du den Glauben hast und vom Glauben ›zeugst‹. Und dies ist wiederum eigentlich das Predigen; denn predigen heißt weder den Glauben in Büchern darstellen, noch auch ihn als Redner darstellen in ›stillen Stunden‹, es sollte ja, wie ich in einer Predigt gesagt habe, eigentlich ›nicht in Kirchen gepredigt werden, sondern auf der Gasse‹, und es soll auch nicht ein Redner sein, sondern ein Zeuge, das heißt: der Glaube, dies unruhige Ding, soll kenntlich sein in seinem Leben.«

* * *

Das ist vortrefflich von Tersteegen: Die Schriftgelehrten wußten zu sagen, wo der Messias geboren sein müsse – aber sie blieben ganz ruhig in Jerusalem, gingen nicht mit, um ihn zu suchen.

Ach, ebenso kann man das ganze Christentum wissen, aber es bewegt einen nicht. Diese Macht, die Himmel und Erde bewegt – die bewegt einen gar nicht.

Ach, und welcher Unterschied: Die heiligen drei Könige hatten nur ein Gerücht, woran sie sich halten konnten – aber es bewegte sie, den weiten Weg zu reisen. Die Schriftgelehrten wußten ganz anders Bescheid, saßen und studierten die Schrift wie Professoren – aber es bewegte sie nicht.

Wo war dann die meiste Wahrheit, entweder bei den drei Königen, die einem Gerücht nachliefen, oder bei den Schriftgelehrten, die mit all ihrem Wissen sitzenblieben?

Das Christentum

Ja, gewiß ist das Christentum eine Freude, eine Freude, eine frohe Botschaft, sie setzt nur eines voraus, um in Wahrheit eine solche Botschaft für uns Menschen sein zu können, nämlich daß du und ich Heldenmenschen sind, Geist sind.

Nimm die Situation: Es ergeht folgende Verkündigung an einen Menschen: »Vor allem gibt es etwas, wovon du nicht weißt, sondern was du dir sagen lassen mußt, und was du glauben sollst: Du bist in Sünde empfangen, in Übertretung geboren; du bist von Geburt an ein Sünder, in der Gewalt des Teufels; falls du in diesem Zustande bleibst, ist dir die Hölle sicher. Da hat Gott in unendlicher Liebe eine Veranstaltung zu deiner Erlösung getroffen, hat seinen Sohn geboren werden, leiden und sterben lassen. Glaubst du das, dann wirst du ewig selig. Dies wird dir verkündigt, diese frohe Botschaft. Und denk dir, die Freude ist noch größer: Du sollst die Erlaubnis haben, um dieser Sache willen dein ganzes übriges Leben, 40 Jahre, ein Leben in Armut zu erdulden, verhöhnt, gegeißelt, mißhandelt, zuletzt hingerichtet zu werden – denk dir, welche Ehre, welch unbeschreiblich frohe Botschaft.

Dies ist das Christentum.

Der christliche Nachdruck

Christlich liegt der Nachdruck nicht entfernt so stark darauf, wie weit, wie weit hinaus es gelingt, die Forderung einzulösen oder die Forderung zu erfüllen, wofern man doch nur strebt, als darauf, daß die Forderung sich einem in ihrer ganzen Unendlichkeit zeigt, damit man recht lernt, sich zu demütigen und bei der Gnade Zuflucht zu suchen.

Die Forderung zu ermäßigen, um sie dann um so besser erfüllen zu können (als sei dies der Ernst, auf daß es *sich* nun um so leichter *zeigen* kann, daß man Ernst damit macht, die Forderung erfüllen zu wollen): das ist dem innersten Wesen des Christentums zuwider.

Nein, die unendliche Demütigung und die Gnade und dann ein Streben der Dankbarkeit, das ist Christentum.

Wer nicht sein Kreuz trägt und mir nachfolget, der kann nicht mein Jünger sein

Lukas 14,27

Wegweisung wird wahrlich genug angeboten auf dem Lebensweg, und was wunders wohl, sintemal jede Irrung sich als eine Wegweisung ausgibt. Aber gibt es Irrungen auch mancherlei, so ist die Wahrheit doch nur eine, und nur einer, welcher »der Weg und das Leben« ist, nur eine Wegweisung, welche in Wahrheit einen Menschen durchs Leben zum Leben führt. Tausende und Abertausende tragen einen Namen, durch den bezeichnet wird, daß sie diese Wegweisung gewählt haben, daß sie dem Herrn Jesus Christus angehören, nach welchem sie sich Christen nennen, daß sie seine Leibeignen sind, ob sie im übrigen auch Herren sind oder Knechte, Sklaven oder Freie, Männer oder Frauen.

Christen nennen sie sich, und sie nennen sich auch mit anderen Namen, die alle das Verhältnis zu dieser einen Wegweisung bezeichnen.

Sie nennen sich *Glaubende* und bezeichnen sich dadurch als Wanderer, Fremdlinge und Ausländer hier in der Welt; ja, ein Wanderer wird nicht so sicher an dem Stab in seiner Hand erkannt (mancher könnte ja auch einen Stab tragen, ohne ein Reisender zu sein), wie die Benennung als Glaubender offenkundig bezeugt, daß man auf einer Reise ist, denn Glaube bedeutet gerade: was ich suche, ist nicht hier, eben deshalb glaube ich es. Glaube bedeutet gerade die tiefe, starke, selige Unruhe, die den Glaubenden treibt, so daß er sich nicht zur Ruhe geben kann in dieser Welt, so daß der, welcher sich gänzlich zur Ruhe gegeben hätte, auch aufhörte, ein Glaubender zu sein; denn ein Glaubender kann nicht stille sitzen, wie man sitzt mit einem Wanderstab in der Hand, ein Glaubender wandert weiter.

Sie nennen sich »*die Gemeinschaft der Heiligen*« und bezeichnen dadurch, was sie sein sollten und müßten, was sie hoffen, einmal zu werden, wenn der Glaube abgelegt und der Wanderstab niedergelegt wird.

Sie nennen sich *Kreuzträger* und bezeichnen dadurch, daß ihr Weg durch die Welt nicht leicht ist wie ein Tanz, sondern schwer und mühsam, obwohl ihnen doch zugleich der Glaube die Freude ist, welche die Welt überwindet; denn ebenso wie das Schiff zur gleichen Zeit, da es mit dem Segel leicht vor dem Winde dahinsegelt, den schweren Weg tief durch das Meer pflügt: ebenso ist auch der Weg des Christen leicht, wenn man auf den Glauben blickt, welcher die Welt überwindet, aber schwer, wenn man auf die mühsame Arbeit in der Tiefe blickt.

Sie nennen sich »*Christi Nachfolger*«, und bei diesem Namen wollen wir diesmal verweilen, indem wir das folgende bedenken.

Was in dem Gedanken liegt, Christo nachzufolgen, und was darin Frohmachendes liegt

Wenn der kühne Krieger mutig vorwärtsdringt und mit seiner Brust alle Pfeile des Feindes auffängt, aber auch seinen Burschen deckt, der hinter ihm folgt: kann man dann sagen, dieser Bursche folge ihm nach? Wenn die liebende Ehefrau meint, in dem, was ihr das Liebste auf der Welt ist, in ihrem Eheherrn das schöne Vorbild zu haben, das sie in ihrem Leben zu erreichen wünschte, und sie dann nach weiblicher Art (denn das Weib wurde ja von des Mannes Seite genommen) mit ihm Seite an Seite wandert und sich auf ihn stützt: kann man dann sagen, diese Ehefrau folge ihrem Eheherrn nach? Wenn der unerschrockene Lehrer ruhig auf seinem Platz steht, während Verhöhnung ihn umgibt und Mißgunst ihm nachstellt; wenn alle Angriffe sich nur gegen ihn richten, aber keiner den Anhänger, der sich ihm anschließt, auch nur aufs Korn bekommen kann: kann man dann sagen, dieser Anhänger folge ihm nach? Wenn die Henne den Feind kommen sieht und deshalb ihre Flügel ausbreitet, um die Küken zu verbergen, die hinter ihr herlaufen: kann man dann sagen, diese Küken folgten der Henne nach?

Nein, derart kann man nicht reden; man muß das Verhältnis verändern. Der kühne Krieger muß abtreten, damit sich nun zeigen kann, ob sein Bursche ihm auch nachfolgen wird, ihm nachfolgen wird in die Wirklichkeit der Gefahr, wenn dann alle Pfeile auf seine Brust zielen; oder ob er feige der Gefahr den Rücken wenden, den Mut verlieren wird, weil er den Mutigen verloren hat. Der edle Eheherr, ach, er muß zur Seite treten, von ihr weggehen, damit sich nun zeigen kann, ob die trauernde Witwe, ohne seine Unterstützung, ihm nachfolgen wird; oder ob sie, seiner Unterstützung beraubt, auch sein Vorbild fahrenlassen wird. Der unverzagte Lehrer muß sich verbergen oder muß in einem Grab verborgen werden, damit nun offenbar werden kann, ob der Anhänger ihm nachfolgen wird, aushalten wird auf dem Platz, während die Verhöhnung ihn umgibt und die Mißgunst ihm nachstellt; oder ob er bei lebendigem Leibe mit Schanden von der Stätte weichen wird, weil der Lehrer sie im Tode mit Ehren verlassen hat.

Nachzufolgen bedeutet dann, den gleichen Weg zu gehen, den der gegangen ist, dem man nachfolgt; das bedeutet also: Er geht nicht mehr sichtbar voran. Und so war es denn ja notwendig, daß Christus fortgehen mußte, sterben mußte, ehe sich zeigen konnte, ob der Jünger ihm nachfolgen werde. Vor vielen, vielen Jahrhunderten ist dies geschehen, und doch geschieht es beständig noch ebenso. Denn es gibt eine Zeit, da Christus beinahe sichtbar dem Kinde zur Seite geht, ihm vorangeht; aber dann kommt auch eine Zeit, wo er dem Auge der sinnlichen Einbildung entschwindet, damit es sich nun im Ernst der Entscheidung zeigen kann, ob der Erwachsene ihm nachfolgen werde.

Wenn das Kind Erlaubnis bekommt, sich am Rock der Mutter festzuhalten – kann man dann sagen, das Kind gehe denselben Weg ebenso, wie die Mutter ihn geht? Nein, das kann man nicht sagen. Das Kind muß erst lernen, selbst zu gehen, allein zu gehen, ehe es denselben Weg gehen kann wie die Mutter, und zwar ebenso, wie sie ihn geht. Und wenn das Kind allein zu gehen lernt, was muß dann die Mutter tun? Sie muß sich unsichtbar machen. Daß ihre Zärtlichkeit deshalb dieselbe bleibt, unverändert, ja, daß sie wohl gerade wächst in der Zeit, da das Kind allein zu gehen lernt, das wissen wir ja wohl, hingegen kann das Kind es vielleicht nicht immer verstehen. Aber was es für das Kind heißt, daß es lernen soll, allein und selbständig zu gehen, das ist, geistig verstanden, die Aufgabe, welche dem gestellt wird, der eines Menschen Nachfolger sein soll; er muß lernen, allein und selbständig zu gehen. Ach, wie wunderlich! Fast scherzend und stets mit einem Lächeln sprechen wir von der Bekümmerung des Kindes, wenn es lernen soll, allein zu gehen; und doch hat die Sprache vielleicht keinen stärkeren oder ergreifenderen oder wahreren Ausdruck für den tiefsten Kummer und das tiefste Leid als den: einsam und allein zu gehen. Daß die Fürsorge im Himmel unverändert ist, ja, falls es möglich wäre, noch mehr besorgt in dieser gefahrvollen Zeit, das wissen wir ja wohl, aber man kann es vielleicht nicht immer verstehen, während man lernt.

Nachzufolgen bedeutet nun, einsam und allein den Weg zu gehen, welchen der Lehrer gegangen ist: niemand Sichtbaren zu haben, den man um Rat fragen kann; selber wählen zu sollen; vergebens zu schreien, wie das Kind vergebens schreit, denn die Mutter darf ihm nicht sichtbar helfen; vergebens zu verzweifeln, denn niemand kann helfen, und der Himmel darf nicht sichtbar helfen. Aber daß einem unsichtbar geholfen wird, das heißt eben, allein gehen zu lernen, denn es heißt lernen, seinen Sinn umzubilden zur Gleichheit mit dem des Lehrers, den man doch nicht sichtbar sieht. Allein zu gehen! Ja, es gibt keinen, keinen Menschen, der für dich wählen oder dich im letzten und entscheidenden Sinn beraten kann in bezug auf das einzig Wichtige, dir entscheidend raten kann in Sachen deiner Seligkeit; und wären auch noch so viele dazu bereit, es gereichte ja nur zu deinem Schaden. Allein! Denn wenn du gewählt hast, wirst du zwar Mitwanderer finden, aber im entscheidenden Augenblick, und jedesmal, wo Lebensgefahr besteht, da bleibst du allein. Niemand, niemand hört dein schmeichelndes Bitten oder achtet auf deine heftige Klage – und doch gibt es Hilfe und Willigkeit genug im Himmel; sie ist jedoch unsichtbar; daß einem durch sie geholfen wird, heißt eben, allein gehen zu lernen. Diese Hilfe kommt nicht von außen und ergreift deine Hand; sie stützt dich nicht, wie ein liebevoller Mensch den Kranken stützt; sie führt dich nicht mit Gewalt zurück, wenn du in die Irre gegangen bist. Nein, nur wenn du gänzlich nachgibst, allen eigenen Willen aufgibst, und dich hingibst mit deinem innersten Herzen und Sinn: dann kommt die Hilfe im Unsichtbaren; aber dann bist du eben allein gegangen. Man sieht nicht den mächtigen Trieb, der den Vogel den weiten Weg führt; der Trieb fliegt nicht voran und der Vogel hinterher; es sieht aus, als sei es der Vogel, der den Weg fand; ebenso sieht man den Lehrer nicht, sondern nur den Nachfolger, der ihm gleicht, und es sieht aus, als sei der Nachfolger selber der Weg, eben weil er der wahre Nachfolger ist, der allein den gleichen Weg geht.

Dies ist es, was in dem Gedanken liegt: jemandem nachzufolgen. Aber *Christus nachzufolgen* bedeutet, sein Kreuz auf sich zu nehmen, oder wie es in unserem Text heißt: sein Kreuz zu tragen. Sein Kreuz tragen bedeutet, sich selbst zu verleugnen, wie Christus erklärt, wenn er sagt: »Will mir jemand nachfolgen, der verleugne sich selbst, und nehme sein Kreuz auf sich und folge mir« (Matth. 16,24). Dies war auch »jene Gesinnung, die Christus Jesus hatte, welcher es nicht für einen Raub hielt, Gott gleich zu sein, sondern erniedrigte sich selbst und wurde gehorsam bis zum Tode, ja zum Tode am Kreuz« (Phil. 2,5ff). Solcher Art war das Vorbild, solcher Art muß auch der Nachfolger sein, wenn es auch *eine langsame und beschwerliche Arbeit* ist, sich selbst zu verleugnen, ein schweres Kreuz auf sich zu nehmen, ein schweres Kreuz zu schleppen, welches doch, nach der Anweisung des Vorbilds, in Gehorsam bis zum Tode getragen werden soll, damit der Nachfolger, wenn er auch nicht am Kreuze stirbt, doch dem Vorbild darin gleicht, daß er »mit dem Kreuz auf dem Rücken« stirbt. Eine einzelne gute Tat, ein einzelner hochgemuter Entschluß heißt nicht, sich selbst zu verleugnen. Ach, so lehrt man es vielleicht in der Welt, weil man sogar dies so selten sieht, daß es deshalb das seltene Mal mit Erstaunen gesehen wird. Aber das Christentum lehrt anders. Christus sagte nicht zu dem reichen Jüngling: »Willst du vollkommen sein, so verkaufe all deine Güter und gib sie den Armen.« Manch einem dürfte zwar schon allein diese Forderung überspannt und seltsam erscheinen; man würde vielleicht den Jüngling nicht einmal bewundern, falls er es täte, sondern über ihn lächeln wie über einen Sonderling oder ihn bemitleiden als einen Narren. Doch spricht Christus anders, er sagt: »Geh hin, verkaufe, was du hast, und gib's den Armen, und komm, folge mir nach, und nimm das Kreuz auf dich« (Mark. 10,21). Also seine Güter zu verkaufen und sie den Armen zu geben, das heißt nicht, das Kreuz auf sich zu nehmen, oder es ist höchstens der Anfang, der gute Anfang, um dann das Kreuz zu nehmen und Christus nachzufolgen. Alles den Armen zu geben, das ist das erste, das heißt – da ja die Sprache erlaubt, auf unschuldige Art geistreich zu sein – *das Kreuz auf sich zu nehmen;* das nächste, die langwierige Fortsetzung ist: *sein Kreuz zu tragen.* Das muß täglich geschehen, nicht ein für allemal; und nichts, nichts darf es geben, ohne daß der Nachfolger bereit wäre, es in Selbstverleugnung aufzugeben. Ob es etwas Unbedeutendes ist, wie man sagt, worin er sich nicht selbst verleugnen will, oder etwas Großes, das macht überhaupt keinen wesentlichen Unterschied, denn das Unbedeutende erhält gerade unendliche Bedeutung als Schuld durch das Mißverhältnis zu der geforderten Selbstverleugnung. Es gab vielleicht einen, der bereit war, zu tun, was der reiche Jüngling nicht getan hatte, in der Hoffnung, dadurch das Höchste vollbracht zu haben, und der dennoch kein Nachfolger wurde, weil er stehenblieb, »sich umwendete und zurücksah« – nach seiner großen Tat; oder wenn er auch weiterging, dennoch kein Nachfolger wurde, weil er meinte, etwas so Großes getan zu haben, daß es auf Kleinigkeiten nicht ankomme. Ach, woher kommt es wohl, daß es am allerschwierigsten ist, sich selbst in dem weniger Bedeutenden zu verleugnen? Etwa daher, daß eine gewisse veredelte Selbstliebe auch fähig ist, sich in dem Großen scheinbar selbst zu verleugnen? Aber je geringer, je unbedeutender, je kleinlicher die Forderung ist, um so kränkender für die Selbstliebe, weil sie in bezug auf eine solche Aufgabe gänzlich verlassen ist von ihren eigenen hochtrabenden Vorstellungen und denen anderer; aber um so demütiger ist eben deshalb die Selbstverleugnung. Woher kommt es wohl, daß es am allerschwierigsten ist, sich selbst zu verleugnen, wenn man allein und wie in einem vergessenen Winkel lebt? Etwa daher, daß eine gewisse veredelte Selbstliebe auch fähig ist, sich scheinbar selbst zu verleugnen – wenn viele bewundernd auf sie blicken? Aber so wenig, wie es einen wesentlichen Unterschied macht, welches nun das Unterschiedliche sei, worin der einzelne Mensch sich, im Verhältnis zu seinen Lebensbedingungen, selbst verleugnet, so daß ein Bettler sich unbedingt ebensogut selbst verleugnen kann wie ein König; ebenso macht es auch keinen wesentlichen Unterschied, welches nun das Unterschiedliche sei, worin ein Mensch es bleiben läßt, sich selbst zu verleugnen, denn die Selbstverleugnung ist ja eben die Innerlichkeit, sich selbst zu verleugnen. Und dies ist eine schwere und beschwerliche Arbeit. Denn zwar besteht die Selbstverleugnung darin, die Lasten abzuwerfen, und könnte insofern recht leicht erscheinen; aber es ist ja doch schwer, gerade die Lasten abwerfen zu sollen, welche die Selbstliebe so gern tragen will, ja so gern, daß es der Selbstliebe bereits sehr schwerfällt, zu verstehen, daß es Lasten sind.

Christus nachzufolgen bedeutet, sich selbst zu verleugnen, und bedeutet also, *den gleichen Weg zu gehen*, den Christus in der geringen Gestalt eines Knechts ging, Not leidend, verlassen, verspottet, die Welt nicht liebend, und nicht von ihr geliebt. Und es bedeutet *also, allein zu gehen*, denn einer, der in Selbstverleugnung Verzicht tut auf die Welt und alles, was der Welt zugehört, der jedem Verhältnis entsagt, welches sonst lockt und bindet, so daß er nicht auf seinen Acker geht, auch nicht handelt, auch nicht ein Weib nimmt; einer, der, falls es notwendig ist, zwar Vater und Mutter, Schwester und Bruder nicht weniger liebt als vorher, aber Christus dergestalt mehr liebt, daß man von ihm sagen kann, er hasse jene: der geht ja allein, allein in der ganzen Welt. Ja, im geschäftigen Hin und Her des Lebens scheint es eine schwierige, eine unmögliche Sache, derart zu leben, unmöglich schon zu beurteilen, ob jemand wirklich derart lebt; aber laß uns nicht vergessen, daß es die Ewigkeit ist, welche beurteilen wird, wie die Aufgabe gelöst wurde, und daß der Ernst der Ewigkeit die Schweigsamkeit der Scham gebieten wird in bezug auf all das Weltliche, wovon in der Welt fortwährend gesprochen wurde. Denn in der Ewigkeit wirst du nicht gefragt werden, ein wie großes Vermögen du *hinterläßt* – danach fragen die *Hinterbliebenen*; oder wie viele Schlachten du gewonnen hast, wie klug du gewesen bist, wie mächtig dein Einfluß war – das wird ja zu deinem *Nachruhm* in der *Nachwelt*. Nein, die Ewigkeit wird nicht fragen, was *weltlich* von dir *hinterbleibt* in der Welt. Aber sie wird fragen, welchen Reichtum du im Himmel gesammelt hast; wie oft du gesiegt hast über deinen Sinn; welche Herrschaft du über dich selbst geübt hast, oder ob du dort ein Sklave gewesen bist; wie viele Male du dich in Selbstverleugnung selbst beherrscht hast, oder ob du das niemals getan hast, wie oft du in Selbstverleugnung bereit gewesen bist, Opfer zu bringen für eine gute Sache, oder ob du niemals bereit gewesen bist; wie oft du in Selbstverleugnung deinem Feind vergeben hast, ob du das wohl siebenmal getan hast oder siebenzig mal siebenmal; wie oft du Beleidigungen in Selbstverleugnung geduldig ertragen hast; was du gelitten hast, nicht um deiner selbst willen, um deiner eigensüchtigen Zwecke willen, sondern was du in Selbstverleugnung gelitten hast um Gottes willen.

Und der, welcher dich fragen wird, der Richter, gegen dessen Spruch du nicht an einen höheren appellieren kannst, er war kein Heerführer, der Reiche und Länder eroberte, mit dem du über deine irdischen Taten sprechen könntest, sein Reich war gerade nicht von dieser Welt; er war nicht ein Purpurgekleideter, mit dem du die vornehme Gesellschaft suchen könntest, denn er trug den Purpur nur zum Hohn; er war nicht mächtig durch seinen Einfluß, so daß er wünschen könnte, in deine weltlichen Geheimnisse eingeweiht zu werden, denn er war so verachtet, daß der Vornehme ihn nur in der Verborgenheit der Nacht besuchen durfte.

Oh, es ist doch immer ein Trost, mit Gleichgesinnten zusammenzukommen. Wenn man feige ist, dann nicht vor ein Gericht von Kriegern gestellt werden zu sollen; wenn man selbstsüchtig und weltlich gesinnt ist, dann nicht von der Selbstverleugnung gerichtet werden zu sollen. Und jener Richter weiß nicht nur, was Selbstverleugnung ist, er versteht nicht nur derart zu urteilen, daß keine Mißlichkeit sich verstecken kann, nein, seine Gegenwart ist das Richtende, welches alles verstummen und verblassen läßt, was sich weltlich so gut in der Welt ausnahm und mit Bewunderung gehört und gesehen wurde; seine Gegenwart ist das Richtende, denn er war die Selbstverleugnung. Er, der Gott gleich war, nahm die Gestalt eines geringen Knechts an; er, der über Legionen Engel gebieten konnte, ja über Bestand und Untergang der Welt, er ging wehrlos umher; er, der alles in seiner Macht hatte, gab alle Macht auf, konnte auch nichts für seine lieben Jünger tun, sondern ihnen nur die gleichen Verhältnisse der Niedrigkeit und Verachtung bieten; er, welcher der Herr der Schöpfung war, zwang die Natur selbst, sich ruhig zu verhalten, denn erst als er den Geist aufgegeben hatte, zerriß der Vorhang und taten sich die Gräber auf, und verrieten die Kräfte der Natur, wer er war.

Wofern das nicht Selbstverleugnung ist, was ist dann Selbstverleugnung!

Das war es, was in dem Gedanken liegt: Christus nachzufolgen; aber laß uns nun das *Frohmachende in diesem Gedanken* bedenken.

Mein Zuhörer! Wofern du dir einen Jüngling denkst, der am Beginn seines Lebens steht, wo die vielen Wege sich ihm öffnen, und der sich selbst fragt, welche Laufbahn er wünschen könne zu betreten; nicht wahr, dann erkundigt er sich genau, wohin der einzelne Weg führt, oder, was das gleiche ist: Er sucht zu erfahren, wer früher den Weg gegangen ist. Dann nennen wir ihm die berühmten, die gepriesenen, die herrlichen Namen auf den Wegen, die Namen, deren Gedächtnis unter den Menschen bewahrt wird. Zu Beginn nennen wir vielleicht mehrere, damit die Wahl im Verhältnis stehen kann zur Möglichkeit des Jünglings, damit der Reichtum der Belehrung, der geboten wird, im Überfluß da sein kann; aber er selbst trifft nun, getrieben von dem Drang seines Inneren, eine kleinere Auswahl, zuletzt bleibt für ihn nur einer, ein einziger: der in seinen Augen und nach seinem Herzen Vorzüglichste unter allen. Dann klopft das Herz des Jünglings heftig, wenn er begeistert diesen Namen nennt, ihn, den einzigen, und sagt: Den Weg will ich gehen, denn den Weg ging Er!

Wir wollen nun die Aufmerksamkeit nicht zerstreuen oder Zeit vergeuden, indem wir solcherlei Namen nennen; denn es gibt ja doch nur einen Namen im Himmel und auf Erden, einen einzigen, und also nur einen Weg zu wählen – wofern ein Mensch im Ernst wählen soll und richtig wählen soll. Es muß nämlich mehrere Wege geben, sintemal ein Mensch wählen soll; aber es darf auch nur einer zu wählen sein, wofern der Ernst der Ewigkeit über der Wahl ruhen soll. Eine Wahl, von welcher gilt, daß man ebensogut das eine wählen kann wie das andere, hat nicht den ewigen Ernst der Wahl; es muß durch die Wahl unbedingt alles zu gewinnen und alles zu verlieren sein, falls die Wahl den Ernst der Ewigkeit haben soll, wenn auch, wie gesagt, eine Möglichkeit vorhanden sein muß, etwas anderes wählen zu können, damit die Wahl wirklich eine Wahl sein kann.

Es gibt nur *einen* Namen im Himmel und auf Erden, nur *einen* Weg, nur *ein* Vorbild. Wer es wählt, Christus nachzufolgen, der wählt den Namen, welcher höher ist als alle Namen; das Vorbild, welches hoch erhöht ist über alle Himmel, aber doch auch derart menschlich ist, daß es Vorbild für einen Menschen sein kann, daß es genannt wurde und genannt werden wird im Himmel und auf Erden, an beiden Orten als das höchste. Denn es gibt Vorbilder, deren Namen nur auf Erden genannt werden; aber das höchste, das einzige, muß ja eben diese ausschließende Eigenschaft haben, an der es wieder als das einzige kenntlich ist: daß es im Himmel und auf Erden genannt wird. Dieser Name ist der Name unseres Herrn Jesus Christus. Aber ist es dann nicht frohmachend, daß man wählen darf, denselben Weg zu gehen, den er gegangen ist!

Ach, in der verworrenen und verwirrenden Rede der Welt klingt leider das Einfältige und der Ernst zuweilen fast wie ein Scherz. Der Mensch, der wohl die größte Macht ausgeübt hat, welche jemals in der Welt ausgeübt worden ist, er nennt sich stolz Petri Nachfolger. Aber nun Christi Nachfolger zu sein! Ja, das verlockt nicht den Stolz, das ist gleichermaßen dem Mächtigsten gestattet und dem Geringsten, dem Weisesten und dem Einfältigsten, was ja eben wieder das Selige ist. Und ist es denn wohl so herrlich, das Vorzügliche zu werden, was kein anderer Mensch werden kann; ist das nicht eher trostlos? Ist es so herrlich, von Silber zu speisen, wenn andere hungern; in Palästen zu wohnen, wenn so viele kein Obdach haben; der Gelehrte zu sein, was kein Einfältiger werden kann; einen Namen zu haben in dem Sinne, daß Tausende und Abertausende ausgeschlossen sind; ist das so herrlich? Und wenn diese *armherzige* Verschiedenheit des *Erdenlebens* das Höchste wäre, wäre das dann nicht unmenschlich, und das Leben unerträglich für den Glücklichen! Wie anders hingegen, wenn es das einzige Frohmachende ist, Christus nachzufolgen. Höhere Freude kann ja doch nicht gegeben werden als die: das Höchste werden zu können; und diese hohe Freude kann nicht freimütiger, seliger, sicherer gemacht werden als sie es ist durch den frohen, den barmherzigen Gedanken des Himmels: daß jeder Mensch das kann.

So geht denn der, welcher die Nachfolge Christi gewählt hat, auf dem Wege voran. Und wenn er dann auch die Welt und, was in der Welt ist, kennenlernen muß, die Stärke der Welt und seine eigene Schwachheit; wenn der Kampf mit Fleisch und Blut ängstigend wird;

wenn der Weg schwierig wird, der Feinde viele, der Freunde keiner, dann preßt der Schmerz ihm wohl diesen Seufzer ab: Ich gehe allein. Mein Zuhörer – wofern ein Kind, das dabei wäre, gehen zu lernen, weinend zu dem Erwachsenen käme und sagte: Ich gehe allein – sagte dann der Erwachsene nicht: Das ist ja gerade das Herrliche, mein Kind! Und ebenso auch steht es mit der Nachfolge Christi. Auf diesem Wege ist es nicht nur so, wie es sonst heißt, daß, wenn die Not am größten, die Hilfe am nächsten ist – nein, hier auf diesem Wege ist der Gipfel des Leidens die größte Nähe der Vollkommenheit. Weißt du einen anderen Weg, auf dem das der Fall ist? Auf jedem anderen Weg ist es umgekehrt: Wofern da die Leiden kommen, so ist die Last das überwiegende, ja sogar derart das überwiegende, daß es bedeuten kann, man habe einen unrichtigen Weg gewählt. Auf dem Weg hingegen, auf welchem ein Mensch Christus nachfolgt, ist der Gipfel des Leidens das Herrlichste; indes der Wanderer seufzt, preist er sich im Grunde selig.

Schau, wenn ein Mensch irgendeinen anderen Weg antritt, so muß er sich ja im voraus mit der Unsicherheit des Weges vertraut machen. Es kann vielleicht gut gehen und ohne schwierige Zufälle, aber es können sich vielleicht auch so viele Hindernisse auftürmen, daß er auf dem Wege nicht vorwärtsdringen kann. Auf dem Wege der Selbstverleugnung, Christus nach, ist dagegen ewige Wegsicherheit; auf diesem Wege sind die »Meilensteine« des Leidens die frohmachenden Zeichen dafür, daß man auf dem rechten Weg vorankommt. Aber welche Freude ist doch größer als die, den besten Weg wählen zu dürfen, den Weg zum Höchsten; und welche Freude ist dann wieder ebensogroß wie diese außer der, daß der Weg in alle Ewigkeit sicher ist!

Doch ist noch eine letzte selige Freude enthalten in dem Gedanken, Christus nachzufolgen. Denn er geht zwar, wie entwickelt worden ist, nicht bei dem Nachfolgenden, auch geht er ihm nicht sichtbar voran, aber er ist *voraus*gegangen, und das ist die frohe Hoffnung des Nachfolgers: daß er ihm nachfolgen werde. Eines ist es ja, ihm nachzufolgen auf dem Wege der Selbstverleugnung, und auch das war frohmachend, etwas anderes, ihm nachzufolgen in die Seligkeit. Wenn der Tod zwei Liebende getrennt hat und dann die Zurückgebliebene stirbt, so sagen wir: Nun ist sie ihm nachgefolgt – er ging voraus. Ebenso ist Christus vorausgegangen, und nicht bloß auf solche Weise, denn er ist vorausgegangen, *um dem Nachfolger die Stätte zu bereiten.*

Wenn wir von einem menschlichen Vorgänger sprechen, dann gilt vielleicht, daß er durch Vorausgehen den Weg leichter gemacht hat für den, der ihm nachfolgt; und wenn der Weg, von dem die Rede ist, das Irdische, das Zeitliche, das Unvollkommene angeht, dann kann es sein, daß der Weg sogar für den Nachfolger gänzlich leicht geworden ist. Das gilt nicht in bezug auf den Christen, oder vom vollkommenen Weg der Selbstverleugnung; dieser Weg bleibt immer wesentlich gleich schwer für jeden Nachfolger. Aber dann gilt von Christus in einem ganz anderen Sinne, daß er vorausgegangen ist: er hat für den Nachfolger nicht den Weg bereitet, indem er vorausging, sondern er ist vorausgegangen, um für den Nachfolger die Stätte im Himmel zu bereiten. Ein menschlicher Vorgänger kann zuweilen mit Fug und Recht sagen: Jetzt ist es leicht genug, hinterherzugehen, da der Weg gebahnt und bereitet und die Pforte weit ist. Christus hingegen muß sagen: Schau, alles ist im Himmel bereit – wofern du bereit bist, in die enge Pforte der Selbstverleugnung einzugehen und auf ihrem schmalen Weg voranzuschreiten.

In der Geschäftigkeit der Welt scheint es vielleicht sehr unsicher zu sein mit jener Stätte drüben; aber wer in Selbstverleugnung der Welt und sich selbst entsagt hat, der muß sich ja dadurch dessen vergewissert haben, daß eine solche Stätte da ist. Irgendwo muß einer ja doch sein, der da ist, irgendwo muß er seine Zuflucht haben; aber in der Welt, die er aufgegeben hat, kann er seine Stätte nicht haben. Also muß es eine andere Stätte geben, ja, es muß sie geben, damit er die Welt aufgeben kann. Oh, wie leicht ist dies doch für einen Menschen zu verstehen, falls er wirklich sich selbst und die Welt verleugnet hat.

Und auf sein Leben die Probe zu machen in dieser Hinsicht, wieweit man wirklich dessen sicher ist, daß es drüben eine solche Stätte gibt, ob man wirklich sein Leben ewig gesichert hat: das ist auch leicht. Der Apostel Paulus sagt (1. Kor. 15,19): »Hoffen wir allein in diesem Leben, so sind wir die elendesten unter allen.« Das ist auch sicher; denn einer, der um Christi willen allen Gütern der Welt entsagt und alle ihre Übel erduldet, der ist – wofern es drüben keine Seligkeit gäbe – betrogen, entsetzlich betrogen; wofern es drüben keine Seligkeit gäbe: mir scheint, sie müsse Wirklichkeit werden allein aus Mitleid mit einem solchen Menschen. Wofern nun ein Mensch nicht nach den irdischen Dingen und den frohen Tagen trachtet; nicht nach irdischem Vorteil strebt, auch nicht danach greift, wenn er geboten wird; wofern er Mühe und Beschwerlichkeit wählt und, was nun einmal so sein muß, die undankbare Arbeit, weil er die beste Sache wählte; wofern er, wenn er das Irdische entbehren muß, nicht einmal den Trost hat, daß er weiß, er habe alles Seine getan, um es zu gewinnen:

dann ist er ja ein Narr in den Augen der Welt, er ist der Elendeste in der Welt. Gäbe es dann keine Seligkeit drüben, dann wäre er ja der Elendeste von allen; eben seine Selbstverleugnung machte ihn dazu, ihn, der nicht einmal versucht hätte, das Irdische zu gewinnen, sondern es freiwillig aufgegeben hätte. Gibt es hingegen eine Seligkeit drüben, dann ist er, der Elende, doch der Reichste von allen. Denn eines ist es, der Elendeste in der Welt zu sein, wenn die Welt das Höchste sein soll, es zu sein, falls es keine Seligkeit gäbe; etwas anderes, der Elendeste in der Welt zu sein, wenn es die Seligkeit gibt. Der Beweis dafür daß diese Seligkeit da ist, ist von Paulus ganz herrlich geführt worden; denn daran kann überhaupt kein Zweifel sein, daß er – ohne sie – der Elendeste von allen gewesen wäre.

Wofern hingegen ein Mensch versucht, sich in dieser Welt zu sichern, sich die Vorteile dieser Welt zu sichern, dann ist seine Versicherung, es gebe eine Seligkeit drüben, nicht gerade überzeugend: sie überzeugt andere kaum, sie hat kaum ihn selbst überzeugt. Doch darüber richte niemand, oder jeder nur sich selbst, denn auch der Versuch, einen andern in dieser Hinsicht richten zu wollen, ist ein Versuch, sich in dieser Welt zu sichern; sonst müßte ein solcher ja einsehen, daß beide, das Gericht und die Seligkeit, der anderen Welt zugehören.

Ach, es ist im Laufe der Zeit oft wiederholt worden, und die Wiederholung dauert noch immer an, daß einer vorausgeht, nach dem ein anderer Mensch sich sehnt, dem er nachzufolgen wünscht. Aber es ist niemals ein Mensch, niemals ein Liebender, niemals ein Lehrer, niemals ein Freund vorausgegangen – um dem Nachfolgenden die Stätte zu bereiten. Wie Christi Name der einzige ist im Himmel und auf Erden, so ist auch Christus der einzige Vorgänger, der auf solche Weise vorausgegangen ist. Es gibt zwischen Himmel und Erde nur *einen* Weg: Christus nachzufolgen; es gibt in Zeit und Ewigkeit nur *eine* Wahl, eine einzige: diesen Weg zu wählen; es gibt auf Erden nur *eine* ewige Hoffnung: Christus nachzufolgen in den Himmel. Es gibt im Leben *eine* selige Freude: Christus nachzufolgen; und im Tode *eine* letzte selige Freude: Christus nachzufolgen zum Leben!

»VERTRAUEN«

Ohne den Glauben, d.h. Vertrauen, stolpert man über einen Strohhalm (Petrus bekommt Angst vor einer Magd – und verleugnet Christus). Mit dem Glauben versetzt man Berge.

– Gebet –

Herr Jesus Christus! Ein ganzes Leben hieltest Du es aus zu leiden, um auch mich zu erretten; ach, und dennoch ist die Zeit Deines Leidens nicht vorbei; aber nicht wahr, auch dieses Leiden wirst Du errettend und erlösend aushalten, dieses Leiden der Geduld, daß Du mit mir zu tun hast, der ich so oft vom rechten Wege abgeirrt bin, oder wenn ich auch auf dem rechten Weg blieb, der ich doch so oft strauchelte auf dem rechten Weg, oder doch so langsam, so krauchend auf dem rechten Weg voranging. Unendliche Geduld, unendliches Leiden der Geduld! Wie manches Mal war ich doch ungeduldig, wollte verzagen, wollte alles aufgeben, den furchtbar leichten Richtweg einschlagen, den der Verzweiflung; aber Du verlorest nicht die Geduld. Ach, auf mich paßt nicht, was Dein auserwählter Diener sagt: daß er Deine Leiden vollendet habe; nein, auf mich paßt nur, daß ich Deine Leiden vermehrt habe, neue hinzugetan habe zu denen, die Du einmal gelitten hast, um auch mich zu erretten. Amen.

Selig, der sich nicht ärgert

Ja, selig, der sich nicht an ihm ärgert; selig, der da glaubt, daß Jesus Christus hier auf Erden gelebt und daß er der gewesen, der er ist nach seinem Wort: der geringe Mensch und dennoch Gott, der Eingeborene des Vaters; selig, der keinen anderen weiß, zu ihm zu gehen, sondern in allem zu ihm zu gehen weiß.

Und welches auch der Lebensstandard eines Menschen sein möge, und ob er in Armut leben möge und Elend: selig, der sich nicht ärgert, sondern glaubt, daß er fünftausend Menschen mit fünf Broten und zwei kleinen Fischen gespeist; selig, der sich nicht ärgert, sondern glaubt, daß es geschehen, nicht sich ärgert, daß es jetzt nicht geschieht, aber glaubt, daß es geschehen.

Und welches auch das Lebensschicksal eines Menschen sein möge, wie sich die Stürme des Lebens gegen ihn erheben mögen: selig, der sich nicht ärgert, sondern glaubt, daß er den Wellen geboten, und es ward eine große Stille; fest und sicher glaubt, daß Petrus allein darum sank, weil er nicht fest und sicher geglaubt.

Und welches auch die Verfehlung eines Menschen sei, und wäre seine Schuld so erschreckend, daß nicht allein er selbst, sondern die Menschheit verzweifeln müßte an Vergebung: dennoch selig, der sich nicht ärgert, sondern glaubt, daß er zu dem Gichtbrüchigen gesagt: »Deine Sünden sind dir vergeben«, und daß dies ihm ebenso leicht gewesen, wie zu dem Gichtbrüchigen zu sagen: »Nimm dein Bett, stehe auf und gehe« – selig, der sich nicht ärgert, sondern die Vergebung der Sünden glaubt, obwohl ihm nicht wie dem Gichtbrüchigen zum Glauben geholfen wird durch die sichere Heilung.

Und welcher Art auch der Tod eines Menschen sei – wenn nun sein letztes Stündlein gekommen: Selig, der sich nicht ärgert gleich jenen Gleichzeitigen, als er sagte: »Das Mägdlein ist nicht tot, sondern schläft«, selig, der sich nicht ärgert, sondern glaubt, der (ebenso wie das Kind gelehrt wird, wenn es schlafen soll, gewisse Worte zu sagen, um in Schlaf zu fallen) – der es sagt »ich glaube an ihn«, und dann – schläft; ja, selig ist er, er ist nicht tot, sondern schläft.

Und welches auch um des Glaubens willen die Leiden eines Christen sein mögen in der Welt, und wenn er um des Glaubens willen verlacht würde, verfolgt, erschlagen: selig, der sich nicht ärgert, sondern glaubt, daß er, der Erniedrigte, der geringe und verachtete Mensch, er, der nur in der Weise des Kummers gewußt, was es heißt ein Mensch sein, als man von ihm sagte »sehet, welch ein Mensch« – selig der sich nicht ärgert, sondern glaubt, daß er Gott gewesen, der Eingeborene des Vaters, und daß jenes alles Christi ist und derer ist, die Christi sind.

Ja, selig, der sich nicht ärgert, sondern glaubt, seliger Siegesgewinn; denn der Glaube überwindet die Welt, indem er jeden Augenblick den Feind überwindet im eigenen Innern, die Möglichkeit des Ärgernisses.

Fürchtet nicht die Welt, nicht Armut und Elend und Krankheit und Not und Widerwärtigkeit und der Menschen Ungerechtigkeit, ihre Kränkungen, ihre Mißhandlung; fürchtet nichts von dem, was nur den äußerlichen Menschen verderben kann; fürchtet nicht die, welche den Leib mögen töten: sondern fürchte dich selbst, fürchte, was den Glau-

ben erschlagen und damit für dich Jesus Christus erschlagen kann –
das Ärgernis, welches freilich ein anderer geben mag, und welches dennoch eine Unmöglichkeit ist, wo du selbst es nicht nimmst. Fürchte
dich und zittere; denn man trägt den Glauben in gebrechlichem Ge-
fäß, in der Möglichkeit des Ärgernisses.

Selig der sich nicht an ihm ärgert, sondern glaubt.

In Jesu Namen beten

Was es heißen will, in Jesu Namen zu beten, wird vielleicht am aller-
einfachsten folgendermaßen erklärt: Eine Obrigkeitsperson befiehlt dies
und das im *Namen des Königs* – was will das heißen? Es will zum ersten heißen: Ich selbst bin nichts, ich habe keine Macht, habe von mir
selbst nichts zu sagen – sondern es geschieht im Namen des Königs.

Ebenso heißt Beten in Jesu Namen: Ich darf mich Gott nicht nähern,
es sei denn durch den Mittler; soll mein Gebet gehört werden, so muß
es in Jesu Namen geschehen; was ihm Kraft gibt, ist dieser Name. Weiter, wenn eine Obrigkeitsperson im Namen des Königs befiehlt, so folgt
von selbst, daß das, was sie befiehlt, des Königs Wille sein muß; sie
kann im Namen des Königs nicht befehlen, was ihr eigener Wille ist.

Ebenso heißt Beten in Jesu Namen: derart beten, daß es in Übereinstimmung ist mit Jesu Willen; ich kann in Jesu Namen nicht um meinen eigenen Willen bitten; Jesu Name ist keine gleichgültige Aufschrift,
sondern das Entscheidende; nicht daß Jesu Name darüber steht, heißt
beten in Jesu Namen, sondern es heißt derart beten, daß ich Jesu Namen dabei nennen darf; das will heißen, daß ich mir ihn, seinen heiligen Willen, zusammendenken darf mit dem, worum ich bitte.

Endlich, wenn eine Obrigkeitsperson im Namen des Königs befiehlt,
so bedeutet das, daß der König die Verantwortung übernimmt. Ebenso
auch beim Beten in Jesu Namen: da übernimmt Jesus die Verantwortung und alle Folgen; er tritt für uns ein, tritt an des Betenden Statt.

Das Sündenbewußtsein bindet an Christus

Sie verließen Christum alle, selbst der Apostel verleugnete ihn – nur
der Schächer am Kreuz blieb ihm treu bis zum letzten und im letzten

Augenblick; aber ihn band auch das Bewußtsein der Sünde und die Situation des Todes.

Aber welcher Glaube auch! Zu glauben, daß der, welcher dem gleichen Urteil unterlag, verhöhnt, verspottet, bespien, verflucht, an ein Kreuz genagelt: zu glauben, daß sein Wort etwas zu bedeuten habe, daß er Gott sein solle, der einem den Platz im Paradiese gibt – diesen Glauben festzuhalten, da hinzukommt, daß dieser Gekreuzigte selber ruft: »Mein Gott, mein Gott, warum hast du mich verlassen?« (Darauf hat Tersteegen aufmerksam gemacht.)

Es wird soviel darüber gepredigt, daß das Christentum unmittelbare Mitteilung sei. Wahrhaftig, daß ein Mann, unter allen Verhöhnungen und Flüchen, verurteilt als Verbrecher, an ein Kreuz genagelt – wenn er dann sagt:

»Glaube an mich, ich bin Gott!« – Gott im Himmel, ist das *unmittelbare* Mitteilung!

Ergießung

O mein Gott, wie oft habe ich nicht froh, dankbar, unsagbar froh erkannt, wie wunderlich es manches Mal zugegangen ist, daß ich dazu gekommen bin, etwas zu tun – und erst hinterher habe ich völlig verstanden, wie richtig und bedeutungsvoll es ist.

Aber zuweilen ist es sogar so gewesen, daß ich jubelnd sagen mußte: Mein Gott, deine Weisheit ist es, die lenkt – mit Hilfe meiner Dummheit. Ich versäume nicht zu erwägen, so gut ich kann – aber dann läuft eine Unvorsichtigkeit, eine Torheit und dgl. mit unter und ich bin im Begriff, den Mut zu verlieren bei dem Gedanken daran, daß nun wohl sogar das Ganze verspielt ist – und dann verstehe ich hinterher, daß du gerade diese Torheit in etwas sehr Weises verwandelt hast. Unendliche Liebe!

Die Geschichte von der Waldtaube

Es war einmal eine Waldtaube; im versteckten Wald, dort, wo die Verwunderung zusammen mit dem Schauder haust, zwischen den schlanken, einsamen Stämmen, dort hatte sie ihr Nest. Aber in der Nähe, dort, wo der Rauch aufsteigt aus dem Haus des Bauern, wohnten einige von ihren entfernteren Verwandten: einige zahme Tauben. Mit einem Paar von diesen traf sie öfter zusammen; sie saß nämlich auf einem Ast, der sich hinausbeugte über des Bauern Hof; die beiden Zahmen saßen auf dem First des Daches, doch war der Abstand nicht größer, als daß sie ihre Gedanken im Gespräch miteinander austauschen konnten.

Eines Tages redeten sie da miteinander von den Zeitläufen und vom Auskommen. Die Waldtaube sagte:

»Ich habe bisher so ziemlich mein Auskommen gehabt, ich lasse jeden Tag seine Plage haben, und auf die Weise komme ich durch die Welt.«

Die zahme Taube hatte genau zugehört, nicht ohne eine gewisse wollüstige Bewegung durch den ganzen Leib zu empfinden, die man Sich-Aufplustern nennt; darauf antwortete sie:

»Nein, da halten wir es anders; bei uns, das will heißen, bei dem reichen Bauern, bei dem wir leben, ist einem die Zukunft gesichert. Wenn die Zeit der Ernte kommt, dann sitze ich oder mein Männchen, eins von uns sitzt oben auf dem Dach und paßt auf. Dann fährt der Bauer ein Fuder Korn nach dem anderen ein, und wenn er dann soviel eingefahren hat, daß ich nicht weiter zählen kann, dann weiß ich, daß Vorrat genug da ist für lange Zeit, das weiß ich aus Erfahrung.«

Als sie so gesprochen hatte, wandte sie sich nicht ohne ein gewisses Selbstgefühl nach ihrem Männchen um, das bei ihr saß, als wolle sie sagen: »Nicht wahr, mein kleines Männchen, wir beiden haben das Unsere sicher.«

Als die Waldtaube heimkam, dachte sie näher über diese Sache nach. Es dünkte sie sogleich, daß es doch eine große Behaglichkeit sein müsse, dergestalt zu *wissen*, daß man sein Auskommen für lange Zeit sicher hätte, wogegen es doch kümmerlich sei, ständig derart aufs ungewisse zu leben, so daß man niemals zu sagen wagt, man *wisse*, daß man versorgt sei. Es wird deshalb das beste sein, dachte sie, daß du versuchst, ob es dir nicht gelingen sollte, einen größeren Vorrat einzusammeln, den du an der einen oder anderen sehr sicheren Stelle liegen haben könntest.

Am nächsten Morgen erwachte sie zeitiger als gewöhnlich und war so geschäftig, einzusammeln, daß sie kaum Zeit fand, zu fressen oder sich satt zu fressen. Aber es schwebte gleichsam ein Verhängnis über ihr, daß es ihr nicht glücken solle, Wohlstand zu sammeln, denn jedesmal, da sie ein wenig Vorrat gesammelt und ihn an der einen oder anderen der vermeintlich sicheren Stellen versteckt hatte – wenn sie kam, um nachzusehen, so war er weg. Indessen geschah keine wesentliche Veränderung in bezug auf das Auskommen, sie fand jeden Tag ihre Nahrung wie vorher, und sofern sie sich etwas knapper hielt, war es, weil sie sammeln wollte und sich keine Zeit nahm zu fressen, denn sonst hatte sie ihr reichliches Auskommen wie vorher. Ach, und doch war eine große Veränderung mit ihr geschehen: Sie litt durchaus keine wirkliche Not, aber sie hatte die *Vorstellung* von einer Not in der Zukunft bekommen, ihre Ruhe war dahin – sie hatte *Nahrungssorgen* bekommen.

Von nun an war die Waldtaube bekümmert, ihre Federn verloren das Farbenspiel, ihr Flug die Leichtigkeit; ihr Tag ging hin in fruchtlosen Versuchen, Wohlstand zu sammeln, ihre Träume waren die ohnmächtigen Pläne der Einbildung; sie war nicht mehr fröhlich, ja, sie war beinahe wie neidisch geworden auf die reichen Tauben. Sie fand jeden Tag ihre Nahrung, wurde satt, und doch war es gleichsam, als würde sie nicht satt, weil sie unter der Nahrungssorge lange Zeit hungerte. Sie hatte sich selbst in der Schlinge gefangen, in der kein Vogelfänger sie fangen konnte, worin nur der Freie sich selber fangen kann: in der Vorstellung. »Wohl wahr«, sagte sie zu sich selbst, »wohl wahr, wenn ich jeden Tag soviel bekomme, wie ich fressen kann, dann habe ich ja mein Auskommen; den großen Vorrat, den ich sammeln möchte, könnte ich doch nicht auf einmal fressen, und in gewissem Sinne kann man auch nicht mehr, als sich satt fressen; aber es wäre doch eine große Behaglichkeit, loszukommen von dieser Ungewißheit, durch die man so abhängig wird. Es kann schon sein«, sagte sie zu sich selbst, »daß die zahmen Tauben ihr sicheres Auskommen teuer erkaufen; es kann schon sein, daß sie im Grunde viele Kümmernisse haben, von denen ich bisher frei gewesen bin, aber diese Gesichertheit der Zukunft steht mir ständig vor Augen; oh, weshalb bin ich doch eine arme Waldtaube geworden und nicht eine von den reichen Tauben!«

So merkte sie denn wohl, daß der Kummer sie angriff, aber da sprach sie vernünftig zu sich selbst, doch nicht derart vernünftig, daß sie die Bekümmerung aus dem Sinn schlug und ihr Gemüt beruhigte, sondern derart, daß sie sich selbst davon überzeugte, der Kummer habe sein Recht. »Ich verlange ja nichts Unvernünftiges«, sagte sie, »oder etwas Unmögliches, ich verlange ja nicht, daß ich werde wie der reiche Bauer, sondern nur wie eine der reichen Tauben.«

Zuletzt erdachte sie eine List. Eines Tages flog sie hin und setzte sich bei dem Bauern auf den First des Daches zwischen die zahmen

Tauben. Als sie dann beobachtete, daß da eine Stelle war, wo diese hineinflogen, flog sie auch hinein, denn dort mußte wohl die Vorratskammer sein. Als aber der Bauer am Abend kam und den Taubenschlag schloß, da entdeckte er sogleich die fremde Taube. Diese wurde dann für sich allein in einen kleinen Verschlag gesetzt bis zum nächsten Tage, da sie geschlachtet wurde – und von der Nahrungssorge frei war. Ach, die bekümmerte Waldtaube hatte sich nicht bloß in der Bekümmerung selbst gefangen, sondern sich auch im Taubenschlag selbst gefangen – auf den Tod.

Hätte die Waldtaube sich genügen lassen, zu sein, was sie war: der Vogel des Himmels, so hätte sie ihr Auskommen gehabt, so hätte der himmlische Vater sie genährt, so wäre sie, auf die Bedingung der Ungewißheit, geblieben, wo sie zu Hause war, dort, wo die schlanken, einsamen Stämme schwermütig in gutem Einverständnis sind mit dem gurrenden Trillern der Waldtaube; dann wäre sie die gewesen, von welcher der Pfarrer am Sonntag sprach, als er die Worte des Evangeliums wiederholte: Sehet die Vögel des Himmels an, sie säen nicht, sie ernten nicht, sie sammeln nicht in die Scheunen, und euer himmlischer Vater nähret sie doch.

Die Waldtaube ist der Mensch – doch nein, laß uns nicht vergessen, daß es nur die Rede ist, welche aus Ehrerbietung für den Bekümmerten die Waldtaube hat herhalten lassen. Ja, wie wenn ein fürstliches Kind aufgezogen wird und dann ein armes Kind da ist, welches anstelle des Fürsten gestraft wird; ebenso hat die Rede alles über die Waldtaube hergehen lassen. Und diese hat sich willig darein gefunden, denn sie weiß sehr gut, daß sie einer der göttlich bestellten Lehrer ist, von denen wir lernen sollen; aber das tut ein Lehrer auch zuweilen, daß er an sich selbst das Verkehrte zeigt, vor dem er warnen will.

Die Waldtaube selber ist sorglos, ja sie ist wirklich die, von der das Evangelium spricht. Also die Waldtaube ist der Mensch. Wenn er, wie sie, sich genügen läßt, daß er Mensch ist, dann versteht er, was er von dem Vogel des Himmels lernt, daß der himmlische Vater ihn nährt. Aber nährt ihn der himmlische Vater, dann ist er ja ohne Nahrungssorge, dann wohnt er nicht bloß wie die zahmen Tauben bei dem reichen Bauern, sondern er wohnt bei dem, der reicher ist als alle. Bei ihm wohnt er wirklich, denn da Himmel und Erde Gottes Haus und Eigentum sind, so wohnt der Mensch ja bei ihm.

Dieses heißt, sich genügen lassen, daß man Mensch ist, sich genügen lassen, daß man der Geringe ist, das Geschöpf, das ebensowenig sich selbst erhalten wie sich selbst erschaffen kann. Will der Mensch hingegen Gott vergessen und sich selbst ernähren – dann haben wir die Nahrungssorge. Es ist freilich lobenswert und Gott wohlgefällig, daß ein Mensch sät und erntet und in Scheunen sammelt, daß er arbeitet, um seine Nahrung zu finden; will er aber Gott vergessen, und meint er, sich durch sein Arbeiten selbst zu ernähren, so hat er Nahrungssorge. Falls der reichste Mann, der jemals gelebt hätte, Gott vergäße und meinte, sich selbst zu ernähren – er hätte Nahrungssorge. Denn laß uns nicht töricht und kleinlich reden, indem wir sagen, der Reiche sei von der Nahrungssorge frei, der Arme nicht. Nein, nur der ist frei, welcher, indem er sich genügen läßt, Mensch zu sein, versteht, daß der himmlische Vater ihn nährt; und das kann ja der Arme ebensogut wie der Reiche.

Christus, der Versöhner

Das Verhältnis Christi als Versöhner zu dem Glaubenden denke ich mir in *einem* Sinne folgendermaßen. Wie wenn ein Erwachsener im Verhältnis zu Kindern sagt: Nun werde ich für alles sorgen, seid ihr nur ganz ruhig und glaubt an mich – und er dann zornig wird, wenn die Kinder nun, anstatt froh zu sein, selber sorgen wollen: ebenso meine ich, wird Christus als Versöhner zornig, wenn der Glaubende sich auf irgendeine Weise selbst mühen will, für seine Sünde genugzutun. Nein! Die Versöhnung ist das Entscheidende. Dann kommt auf der anderen Seite, eben aus Freude über die Versöhnung, ein redliches Streben daher, das man doch wohlgemerkt selber fast als einen Scherz versteht, wie redlich und ernsthaft es auch sei, als einen Scherz, falls es auf irgendeine Weise Genugtuung sein sollte.

Es ist auf keine Weise das Streben des Menschen, welches die Versöhnung bringt, sondern es ist die Freude über die Versöhnung, darüber, daß genuggetan ist, es ist die Freude, welche ein redliches Streben hervorbringt. Ungefähr wie wenn Luther sagt: Es sind nicht die guten Werke, die den guten Mann machen, sondern der gute Mann, der die guten Werke macht, d.h. der Mann ist das Habituelle, welches mehr ist als alle einzelnen Handlungen. Und der gute Mann wird man ja, nach Luther, durch den Glauben. Also zuerst der Glaube. Nicht durch ein tugendhaftes Leben, gute Werke und dergleichen erlangt man den Glauben. Nein, der Glaube macht, daß man in Wahrheit gute Werke tut.

Gott ist Liebe – das Absterben

Wofern ein Mensch wirklich aufrichtig sagt: Gott ist Liebe, dann hat dieser Mensch eben damit nur einen einzigen Wunsch: Gott (die Liebe) zu lieben von ganzem Herzen und mit allen Kräften. Und wenn Gott dann entdeckt, daß es mit einem Menschen so steht, daß dieser Wunsch in ihm ist, dann sagt Gott: »Ja, ja, mein liebes Kind, dann werde ich dir behilflich sein, ich werde dir helfen abzusterben, denn ohne das kannst du mich nicht lieben.«

Nimm ein bloß menschliches Verhältnis; wofern der Liebende die Sprache der Geliebten nicht sprechen kann, so müssen sie oder er sie lernen, wenn es ihnen auch noch so schwer fiele; denn sonst kann da kein glückliches Verhältnis entstehen, sie können ja nicht einmal miteinander reden. Und ebenso steht es mit dem Absterben, auf daß man Gott lieben könne. Gott ist Geist – nur ein Abgestorbener kann etlichermaßen diese Sprache sprechen. Willst du nicht absterben, so kannst du auch Gott nicht lieben, du sprichst dann von ganz anderen Dingen als er.

So sieht man denn, daß im Christentum gar nicht einmal das Gesetz befiehlt: Du sollst absterben; sondern die Liebe sagt: Liebst du mich denn nicht? Und wenn die Antwort darauf »ja« heißt, dann folgt von selbst, daß du absterben mußt.

Aber das menschliche Geschlecht hat dann so selbstsüchtig wie möglich das Christentum völlig verkehrt gewendet.

Das Christentum verkündigt nicht das Gesetz, es verkündigt vielmehr, was Gott in unendlicher Liebe für den Menschen getan hat. Für Gott muß das wohl so viel scheinen, daß es Steine rühren müßte. Da macht nun gleichsam die Verkündigung halt. Es tritt nun eine Pause ein, denn das Nächste will Gott nicht befehlen, aber dennoch wartet er auf dieses Nächste, nämlich daß dies nun den Menschen derart bewegt, daß er beschließt, Gott zu lieben. Entschließt er sich aber dazu, so entschließt er sich eben damit auch abzusterben.

Aber wie man das Christentum jetzt wendet, haben wir Menschen Gott richtig schlau eine wächserne Nase gedreht. Wir reden davon, daß Gott Liebe ist, daß wir Gott lieben (wer liebt nicht Gott, was für ein Unmensch, Gott nicht zu lieben usw.), und zuletzt rechnen wir wohl sogar darauf, durch dies ständige Reden davon, daß Gott Liebe sei und daß wir ihn lieben, zuletzt erreichen zu können, daß nicht einmal er selbst sehen kann, wie unser Verhältnis zu ihm ganz einfach natürliche Selbstsucht ist, die Art Liebe, die darin besteht, sich selbst zu lieben – denn die Liebe, welche wirklich liebt, drückt das ja dadurch aus, daß sie nach dem Willen des Geliebten tut, also der Welt entsagt, falls das gewünscht wird, während wir zusehen, daß wir den lieben Gott zu Hilfe bekommen (und ihn zu dem Zweck, wie es heißt, auch lieben), um womöglich ein recht behagliches und genußreiches Leben zu führen.

Oh, nur ein lieber Mensch zu sein: Du sollst sehen, wie die menschliche Selbstsucht sich dessen zu bedienen weiß – aber als Gott bekanntgeben ließ, er sei Liebe: das war etwas für die menschliche Selbstsucht.

Und ganz wahr, dieser liebe Gott läßt sich sehr viel gefallen; aber gibt es denn niemanden, dem es leid täte, Gottes Liebe derart zu mißbrauchen, derart so zu tun, als verstünde man nicht, was Gott eigentlich wünschte, daß man tun solle, wie Gott will, daß man die Liebe zu ihm ausdrücken solle?

Doch gib wohl acht, wer du auch seist, den solche Gedanken heimsuchen könnten: Dieser Gott sitzt ja nicht im Himmel und ist in Verlegenheit, daß jemand seinen Willen befolgen und ihn lieben solle. Wofern nun jemand, bewegt durch Gottes Liebe, aufrichtig sagt: Ich will Gott lieben – er merke wohl auf, denn sein Leben wird Leiden werden, das ist eben das Zeichen dafür, daß Gott mit Wohlgefallen auf ihn schaut.

Also, im Christentum hat Gott gleichsam, daß ich menschlich davon spreche, um uns Menschen gefreit, um unsere Liebe zu gewinnen: All das gab er uns, eine Gabe der Liebe, und dann dachte er, nun kann es unmöglich anders sein, als daß der Mensch mich wiederliebt.

Aber wir Menschen, wir waren und sind verteufelt klug: wir nahmen und wir nehmen Geschenke – und das nennen wir Gott lieben, wenn wir nach unserem Kopf leben und dann Gott danken.

Stell dir einen Vater vor: Es gab etwas, wovon er wünschte, das Kind solle es tun (was es ist, das weiß das Kind); dann dachte der Vater etwa so: Ich werde nun etwas erfinden, was mein Kind recht freuen wird – das schenke ich ihm (es ist viel zu viel, was ich für dies Kind tue!), dann bin ich sicher, es wird mich auch wiederlieben. »Es wird mich wiederlieben«, darunter versteht der Vater, daß das Kind nun des Vaters Willen tun wird – aber das Kind, ja, das war ein verteufelt kluges Kind, das Kind nahm das Geschenk, aber tat nicht des Vaters Willen; hingegen dankte das Kind und sagte vielen Dank und sagte, das ist ein lieber Vater; aber das Kind bekam seinen Willen.

Und ebenso mit uns Menschen im Verhältnis zu Gott. Als er Liebe wurde, da machten wir uns das zunutze, und tun, als sei ihn lieben, daß wir unserem Kopf folgen, hingegen aber vor ihm tanzen und in die Hände klatschen und vor ihm Trompete blasen und mit Tränen in den Augen sagen: Gott ist Liebe, wer sollte diesen lieben Gott nicht lieben!

Das geängstete Gewissen

Das ist vortrefflich, das einzig Notwendige und das einzig Erklärende, was Luther sagt: daß diese ganze Lehre (von der Versöhnung, und im Grunde das ganze Christentum) auf den Kampf des geängsteten Gewissens bezogen werden muß. Nimm das geängstete Gewissen weg, dann kannst du auch die Kirchen schließen und sie zu Tanzböden machen.

Das geängstete Gewissen versteht das Christentum. Ebenso versteht ein Tier es, wenn du ihm einen Stein und ein Brot vorlegst und das Tier hungrig ist: das Tier versteht dann, daß das eine eßbar ist, das andere nicht. Ebenso versteht das geängstete Gewissen das Christentum. Soll man erst beweisen, daß es notwendig sei, hungrig zu sein, bevor man speist: Ja, dann wird es zur Leckerei.

»Aber«, sagst du, »ich kann doch die Versöhnung nicht begreifen.« Hier müßte ich fragen, in welchem Sinne; ist es im Sinne des geängsteten Gewissens, oder im Sinne der gleichgültigen und objektiven Spekulation? Wofern jemand ruhig und objektiv in seinem Studierzimmer säße und spekulierte: Wie sollte er die Notwendigkeit einer Versöhnung verstehen können, da ja eine Versöhnung notwendig ist nur im Sinne des geängsteten Gewissens? Wofern es in eines Menschen Macht stünde, leben zu können, ohne Nahrung nötig zu haben: wie sollte er dann die Notwendigkeit der Nahrung verstehen, die der Hungrige so leicht versteht?

Und ebenso ist es geistig. Ein Mensch kann die Gleichgültigkeit erwerben, welche die Versöhnung überflüssig macht; ja, der natürliche Mensch ist eigentlich in diesem Zustand; wie aber sollte man in diesem Zustand die Versöhnung verstehen können? Es ist deshalb so folgerichtig von Luther, daß er lehrt, der Mensch müsse durch eine Offenbarung belehrt werden, wie tief er in Sünden liegt; das geängstete Gewissen sei nicht etwas, was ebenso aus der Natur folgt wie das Hungrigsein.

Vergebung

Ein Mensch ruht dann in der Vergebung der Sünde, wenn der Gedanke an Gott ihn nicht an die Sünde erinnert, sondern daran, daß sie vergeben ist, so daß das Vergangene keine Erinnerung daran ist, wieviel er verbrochen hat, sondern daran, wieviel ihm vergeben worden ist.

Zweifel

Man will uns einbilden, die Einwendungen gegen das Christentum kämen aus dem Zweifel. Das ist ein völliges Mißverständnis. Die Einwendungen gegen das Christentum kommen aus Unbotmäßigkeit, Ungehorsam, Auflehnung wider alle Autorität. Deshalb hat man bisher vergeblich gegen die Einwendungen gekämpft, weil man intellektuell mit dem Zweifel gekämpft hat, anstatt daß ethisch mit der Auflehnung gekämpft würde.

Die Lilien auf dem Felde

»Sehet die Vögel unter dem Himmel an!«

Wie denn, du bist bekümmert, dein Sinn ist gebeugt, dein Auge zur Erde gekehrt! Was heißt das? So, so hat Gott den Menschen nicht geschaffen; das mußt du ja wissen aus jedem Kinderbuch. Was den Menschen vor dem Tiere auszeichnet, ist sein aufrechter Gang. Mithin, sei so gut, Kopf hoch!

»Oh, laß mich bloß in Ruhe!«

Nein; laß uns glimpflich vorgehen. Es wäre vielleicht auch eine zu starke Bewegung für dein krankes Gemüt, ein zu schroffer Übergang, wenn du plötzlich von der Erde zum Himmel hoch sähest. So laß uns den Vogel zu Hilfe nehmen. Er sitzt auf der Erde, an der dein Blick haftet. Nun hebt er sich – du wirst es schon aushalten, dein Haupt auch ein bißchen zu erheben, so daß dein Blick ihm folgen kann. Er steigt – so hebe dein Haupt noch ein wenig, und noch ein wenig. Nun ist es gut; nun schwebt der Vogel hoch unter dem Himmel, und du hast die richtige Stellung: Sieh den Vogel unter dem Himmel an und gesteh es dir selbst: So wenig man sagen kann, daß die Himmelswölbung drücke, so wenig ist Gott derjenige, der herunterdrückt, nein, das Herunterdrückende kommt von der Erde oder von dem Irdischen in dir; aber gleich wie die Wölbung des Himmels erhebt, ebenso ist Gott derjenige, welcher erheben will.

»Sehet die Vögel unter dem Himmel an; sie säen nicht, sie ernten nicht, sie sammeln nicht in die Scheunen.« Indes der Vogel lebt ja nicht von der Luft, so wenig wie wir Menschen. Es muß somit jemanden geben, der für ihn säet und erntet und in die Scheunen sammelt?

Es gibt ihn auch, Gott, den großen Versorger oder Verseher oder, wie wir ihn auch nennen: die Vorsehung. Er sät und erntet und sammelt in die Scheunen, und die ganze Welt ist wie seine große Vorratskammer.

Langweilige Menschen haben den langweiligen Gedanken gehabt, die ganze Welt, um Gott entbehren zu können, in einen einzigen großen Speicher verwandeln zu wollen. Dies ist törichte Nachäfferei. Nein, wenn Gott es ist, der es tut, so ist es ergötzlich – wie vergnügt ist nicht der Vogel unter dem Himmel, der da nicht säet, nicht erntet, nicht in die Scheunen sammelt. Der Mensch aber tut das; er pflügt, er sät, er erntet, er sammelt in die Scheunen. So lerne doch nur vom Vogel unter dem Himmel verstehen, was du weißt: Du weißt, es ist der Mensch, welcher sät und erntet – lerne verstehen: Wenn der Mensch es tut, so ist doch eigentlich Gott der, welcher es tut.

»Was für ein Gerede! Wenn ich im Schweiße meines Angesichts aufs Feld gehe und das Korn schneide, so daß der Schweiß an mir niederläuft, so weiß ich immerhin mit Gewißheit, daß ich es bin, der da schneidet; zum mindesten bin ich der, welcher schwitzt. Oder ist es etwa eigentlich auch Gott, welcher schwitzt; oder wenn Gott es ist, der das Korn schneidet, warum muß ich so schwitzen? Deine Rede ist so eine hochtrabende unpraktische Salbaderei.«

»Mensch, Mensch, verhärteter Menschenverstand, willst du es denn niemals vom Vogel lernen, den Verstand zu verlieren, um Mensch zu werden! Willst du es niemals lernen, in frommer Erhebung dem Vogel gleich zu verstehen, was arbeiten heißt? Du wirst freilich sogar schon dann der Wahrheit weit näher kommen, wenn du die Sache einmal umgekehrt herum ansiehst, daß nämlich die Arbeit nicht so sehr Mühe und Beschwer ist, von der man am liebsten frei wäre, sondern daß Gott vielmehr dem Menschen es erlaubt hat zu arbeiten, um ihm ein Vergnügen zu gönnen, ein Gefühl der Selbständigkeit, welches nicht zu teuer erkauft wird mit dem Schweiß des Angesichts – denn ob man schwitzt oder nicht schwitzt, kann nicht den Ausschlag geben; wer tanzt, schwitzt ja auch, und man nennt das Tanzen deshalb doch nicht

Arbeit, Mühe und Beschwer. Dies ist das eine gottselige Verständnis des Arbeitens – und auf die Art ist man gar weit davon, über den Schweiß des Angesichts zu klagen.

Nimm ein Kind und seine Eltern in ihrem Verhältnis zu ihm. Klein Ludwig, er wird jeden Tag in seinem Kinderwagen spazieren gefahren, ein Vergnügen, welches gut und gern eine Stunde währt; und daß es ein Vergnügen ist, versteht Klein Ludwig gut. Jedoch die Mutter ist auf etwas Neues verfallen, das Klein Ludwig bestimmt noch mehr ergötzen wird: ob er den Wagen nicht selber schieben könnte! Und er kann! Wie denn, er kann? Ja, guck mal, Tante, Klein Ludwig kann selber den Wagen schieben. Laßt uns nun Menschen sein und das Kind nicht stören! Denn wir wissen ja ganz gut, daß Klein Ludwig nicht kann, daß eigentlich die Mutter den Wagen schiebt, und allein, um ihm ein rechtes Vergnügen zu machen, spielt sie das Spiel, daß Klein Ludwig selber kann. Und er, er pustet und stöhnt. Schwitzt er nicht am Ende? Ja, wahrhaftig, er schwitzt, der Schweiß steht auf seiner Stirn, im Schweiße seines Angesichts schiebt er den Wagen – aber sein Gesicht strahlt vor Freude, freudetrunken könnte man es nennen, und es wird es womöglich noch mehr, jedes Mal, wenn die Tante sagt: nein, guck, Klein Ludwig kann selber. Es war ein unvergleichliches Vergnügen. Das Schwitzen? Nein, das Selber-Können.

Ebenso ist es mit dem Arbeiten-Können; recht verstanden, gottselig verstanden, ist es ein reines Vergnügen, etwas, darauf Gott verfallen ist, um den Menschen zu ergötzen, etwas, davon Gott zu sich selber gesagt hat: es wird ihn gewiß mehr ergötzen als ständig im Kinderwagen gefahren zu werden. Es ist die Vorstellung, die den Ausschlag gibt, hier wie überall. Wenn es um deiner Lust, um deines Vergnügens willen ist, so klagst du nicht über das Schwitzen: nun wohl, so laß deine Arbeit deine Lust sein, verstehe es dahin, daß es etwas sei, darauf Gott verfallen ist, um dich zu ergötzen; betrübe seine Liebe nicht, er glaubte, es würde dich recht freuen! Dies ist ein gottseliges Verständnis des Arbeitens.

Indes, es gibt ein noch höheres gottseliges Verständnis, und das lernen wir vom Vogel: daß dann doch wieder Gott es ist, der da arbeitet, Gott, der da sät und erntet, wenn der Mensch sät und erntet. Denk an Klein Ludwig! Er ist nun ein Mann geworden und versteht nun sehr wohl den Zusammenhang, daß es die Mutter gewesen, die den Wagen schob; er hat daher jetzt eine andere Freude bei dieser Kindererinnerung: daß er an die Liebe der Mutter denkt, die auf dergleichen verfallen konnte, um das Kind zu ergötzen. Jetzt aber ist er

Mann, jetzt kann er wirklich selber; er wird nun vielleicht gar dadurch in Versuchung geführt, daß er wirklich selber kann – bis daß jene Erinnerung aus der Kindheit ihn daran mahnt, inwiefern nicht er noch immer, in einem weit höheren Sinne, in der gleichen Lage sei wie das Kind, daß, wenn der Mann arbeite, eigentlich doch ein anderer es sei, Gott es sei, welcher arbeitet. Meinst du, daß er deshalb untätig werde, sich auf die faule Seite lege und spreche: Wenn doch Gott es ist, welcher arbeitet, so ist es am besten, daß ich frei bleibe? Wäre dem so, dann ist dieser Mann ein Narr, um nicht zu sagen, ein unverschämter Lümmel, an dem Gott keine Freude haben kann, und der selber sich nicht freuen kann am Vogel, und der nichts Besseres wert wäre, als daß der Herrgott ihn vor die Tür setzte, und dann kann er sehen, wo er bleibt. Der brave, rechtschaffene, gottesfürchtige Arbeiter aber, er wird nur um so strebsamer, um desto beständiger zu verstehen, daß – holdseliger Scherz! – Gott Mitarbeiter ist – o Ernst! Zum Bilde Gottes erschaffen, wie er ist, erhobenen Hauptes, blickt er zum Himmel, dem Vogel nach – dem Spaßvogel, von dem er den Ernst lernt, daß Gott es ist, welcher sät und erntet und in die Scheunen sammelt. Aber er versinkt nicht in Untätigkeit, er sieht alsogleich nach seiner Arbeit, um sie zu verrichten – ansonst bekommt er ja nicht zu sehen, daß Gott es ist, welcher sät und erntet und in die Scheunen sammelt.

Du Lilie auf dem Felde, du Vogel unter dem Himmel! Was hat dir ein Mensch doch nicht zu danken? Etliche von seinen besten, seinen seligsten Stunden. Denn als das Evangelium dich zum Vorbild und Lehrmeister einsetzte, da wurde das Gesetz abgeschafft und dem Scherz sein Platz angewiesen im Himmelreich, so daß wir nicht mehr unter dem Zuchtmeister sind, sondern unter dem Evangelium:

»Schauet die Lilien auf dem Felde, sehet die Vögel unter dem Himmel an!«

* * *

Meine Meinung ist nicht die, daß Gott mich mehr liebe als irgendeinen, unbedingt irgendeinen anderen Menschen; aber meine Meinung ist, daß ich doch wohl bedeutend mehr als andere daran denke, daß Gott mich liebt. Mögen dann andere es groß finden: objektiv zu bedenken, daß Gott sozusagen alle liebt; ich finde es selig, subjektiv zu bedenken, daß Gott mich liebt, und selig, daß es jedem freisteht, dies zu bedenken.

* * *

Was hat Petrus nicht ausgehalten in den Tagen, da Chistus tot war! Auf die Weise von Christus geschieden zu sein, nachdem man ihn verleugnet hat!

Entsetzlich!

Und dennoch wurde Petrus nicht verworfen, sondern zu Gnaden angenommen und wurde, was er war: Apostel.

Schau, das ist unbeschreibliche Milde im Vergleich mit Jehovas Verhältnis zu Moses, der nicht in das verheißene Land hineinkam, bloß weil er zweifelte.

Oh, unendliche Milde, vor der mir beinahe angst wird, daß sie mich nicht betört, so daß ich sie eitel nähme.

Dies ist es, was mich beinahe am meisten ängstigt am Christentum: Mir wird dann angst, daß ich es eitel nehmen könne.

»CHRISTENHEIT«

Oh, Luther, du hattest 95 Thesen: Entsetzlich! Und doch im tiefe ren Verstand: Je mehr Thesen, desto weniger entsetzlich. Die Sache ist viel entsetzlicher: Es gibt nur *eine* These:

Das Christentum des Neuen Testaments ist gar nicht da. Hier gibt es nichts zu reformieren; es geht darum, Licht zu bringen in ein Jahrhunderte hindurch fortgesetztes, von Millionen (mehr oder minder schuldvoll) begangenes christliches Kriminalverbrechen, wodurch man scharfsinnig – unter dem Namen einer Vervollkommnung des Christentums – versucht hat, das Christentum Stück für Stück Gott abzulisten und es dahin gebracht hat, daß das Christentum genau das Gegenteil dessen ist, was es im Neuen Testament ist.

Damit von dem hierzulande gewöhnlichen, dem amtlichen Christentum auch nur wahrheitsgemäß gesagt werden könnte, es verhalte sich zum Christentum des Neuen Testaments, muß es zuerst so redlich, vorbehaltlos, feierlich wie möglich kenntlich machen, wie groß der Abstand zwischen ihm und dem neutestamentlichen Christentum ist, und zwar ohne daß es in Wahrhaftigkeit ein Streben in Richtung darauf heißen könnte, dem Christentum des Neuen Testaments näher zu kommen.

Solange das nicht geschieht, solange man entweder so tut, als sei nichts geschehen, als habe alles seine Richtigkeit und sei das, was wir Christentum nennen, das Christentum des Neuen Testaments, oder man Künste braucht, um den Unterschied zu verbergen, um den Schein aufrechtzuerhalten, daß es das Christentum des Neuen Testaments sei: solange wird das christliche Kriminalverbrechen fortgesetzt; hier kann nicht die Rede davon sein zu reformieren, sondern davon, Licht zu bringen in diesen christlichen Kriminalfall.

* * *

Das ist meine ständige Behauptung: Das bißchen Frömmigkeit, welches in der Christenheit da ist, ist alttestamentliche Frömmigkeit (ein Hangen an diesem Leben, ein Hoffen darauf und Glauben daran, daß Gott einen in diesem Leben segnen werde usw., so daß der Beweis dafür daß man Gottes Freund ist, darin liegt, daß es einem gut geht in der Welt), und doch setzt man ständig Christi Namen hinzu.

* * *

»Salz«, denn »die Christenheit« ist: die Fäulnis des Christentums; »eine christliche Welt« ist: der Abfall vom Christentum.

* * *

Es gilt weder mehr noch weniger als eine Revision des Christentums, es gilt, die 1800 Jahre fortzuschaffen, als seien sie gar nicht dagewesen.

Verstand des Kutschers – Verstand der Pferde

Es war einmal ein reicher Mann; der ließ im Auslande für teures Geld ein Paar durchaus fehlerfreier und vortrefflicher Pferde kaufen, die er haben wollte zu seinem eigenen Vergnügen, zu dem Vergnügen nämlich, selber zu kutschieren. Es ging dann so ungefähr ein Jahr hin oder auch zwei. Wo jemand, der diese Pferde von früher kannte, jetzt gesehen hätte, wie er sie fuhr, er hätte sie unmöglich wiedererkannt: ihr Auge war matt und schläfrig geworden, ihr Gang hatte Haltung und Straffheit verloren, nichts konnten sie vertragen, nichts aushalten; er konnte kaum eine Meile fahren, ohne daß er unterwegs einkehren mußte, manchmal blieben sie stehen, gerade wenn er so recht schön dasaß und kutschierte, dazu hatten sie allerhand Mücken und Tücken angenommen; und obwohl sie natürlich Futter im Überfluß hatten, wurden sie magerer von einem Tage zum anderen. Da ließ er des Königs Kutscher rufen. Der fuhr sie einen Monat lang: im ganzen Lande war da kein Paar Pferde, welches das Haupt so stolz getragen hätte, dessen Blick so feurig gewesen wäre, dessen Haltung so wunderschön, kein Paar Pferde, das es so gut hätte aushalten können, womöglich sieben Meilen in einem Zuge zu laufen, ohne daß man einkehrte. Woher kam das? Es ist leicht zu sehen: Der Eigentümer, welcher, ohne Kutscher zu sein, den Kutscher spielte, er fuhr sie nach dem Verstand der Pferde davon, was fahren heißt; der königliche Kutscher fuhr sie nach dem Verstand des Kutschers davon, was fahren heißt.

Ebenso mit uns Menschen. Oh, wenn ich an mich selbst denke und an die Unzähligen, die ich kennengelernt habe, so hab ich oft wehmütig zu mir selber gesagt: hier sind Gaben und Kräfte und Voraussetzungen genug – aber es fehlt der Kutscher. Sehr lange Zeit hindurch, ein Geschlecht ums andre, sind wir Menschen, wenn ich so sagen darf, gefahren worden nach dem (um im Bilde zu bleiben) Verstand der Pferde davon, was fahren heißt, wir sind gelenkt, gebildet, erzogen

worden nach dem Begriff des Menschen davon, was Mensch sein heißt.
Sieh, daraus ergibt sich, was uns fehlt: Erhebung, und (was wiederum
daraus sich ergibt) daß wir nur so wenig aushalten können, ungeduldig alsogleich die Mittel des Augenblicks anwenden und ungeduldig augenblicklich den Lohn unsrer Arbeit sehen wollen, welche eben deshalb auch danach ist.

Einstmals ist es anders gewesen. Es war einmal, daß es der Gottheit wohlgefiel, selber, wenn ich so sagen darf, Kutscher zu sein; und er fuhr die Pferde nach dem Verstand des Kutschers davon, was fahren heißt. Was hat damals ein Mensch nicht vermocht!

Denk an den Text des Tages (Apostelgeschichte 2,1-12). Da sitzen zwölf Menschen, alle derjenigen Gesellschaftsklasse zugehörig, die wir den einfachen Mann nennen. Sie haben gesehen, wie er, den sie als Gott anbeteten, ihr Herr und Meister, am Kreuze hing; so, wie man es niemals auch nur im entferntesten irgendwie von irgend einem sagen kann, von ihnen muß man es sagen: Sie haben alles verloren gesehen. Wohl wahr, er ist danach siegreich gen Himmel gefahren – aber so ist er denn ja auch fort; und nun sitzen sie da und warten, daß der Geist ihnen mitgeteilt werde, um alsdann – von dem kleinen Volk, zu dem sie gehören, mit dem Bannfluch belegt – eine Lehre zu verkündigen, die den Haß der ganzen Welt wider sie aufreizen wird, das ist die Aufgabe; diese zwölf Menschen sollen die Welt umschaffen – und zwar, in grauenhaftestem Maßstabe, wider deren Willen. In Wahrheit, hier steht der Verstand still! Allein schon, wenn man sich jetzt, so lange Zeit danach, eine schwache Vorstellung davon macht: der Verstand steht still – wenn anders man denn irgend einen hat; es ist, als sollte man den Verstand verlieren – wenn anders man denn irgend einen Verstand zu verlieren hat.

Es ist das Christentum, welches hindurch soll. Und diese zwölf Menschen, sie zogen es hindurch. In gewissem Sinne waren sie Menschen wie wir – aber sie wurden gut gefahren, ja, sie wurden gut gefahren!

Dann kam das nächstfolgende Geschlecht. Sie zogen das Christentum hindurch. Sie waren Menschen ganz wie wir – aber sie wurden gut gefahren! Ja, wahrlich, das wurden sie. Es war mit ihnen wie mit jenem Paar Pferde, als der königliche Kutscher es fuhr. Nie hat ein Mensch je sein Haupt so stolz erhoben in Erhabenheit über die Welt, wie die ersten Christen es taten in Demut vor Gott! Und gleich wie jenes Paar Pferde, wo nötig, sieben Meilen laufen konnte, ohne daß haltgemacht wurde zum Verschnaufen; so liefen diese Christen, sie liefen siebenzig Jahre in einem Zug, ohne aus dem Geschirr zu kommen, ohne daß irgendwo eingekehrt wurde; nein, stolz, stolz in Demut vor Gott, sprachen sie: »Es ist nichts für uns, am Wege liegen zu bleiben und zu säumen; wir machen erst halt – bei der Ewigkeit!« Es war das Christentum, welches hindurch sollte; sie zogen es auch hindurch, ja, das taten sie; sie wurden aber auch gut gefahren, ja, das wurden sie!

Wer ist ein Christ?

Wer du auch seist, dem dies zu Augen kommt, mein Freund: Wenn ich im Neuen Testament das Leben unseres Herrn Jesus Christus auf Erden lese und was er unter dem Christsein verstand – und dann daran denke, daß es uns Christen nun millionenfach gibt, ebenso viele Christen, wie wir Menschen sind, daß von Geschlecht zu Geschlecht Christen millionenfach zur Prüfung vor der Ewigkeit abgegeben werden: entsetzlich! Denn nichts kann gewisser sein, als daß es damit nicht richtig zusammenhängt.

Sag es denn selbst: Was hilft es doch – und wäre es noch so fromm und wohlgemeint! – was hilft es, dich (liebevoll?) in der Einbildung zu bestärken, du seiest Christ, oder es sei die Bestimmung des Christseins, verändern zu wollen, vermutlich, damit du um so sicherer dies Leben genießen könntest, was hilft es dir, oder richtiger, gereicht es dir nicht gerade zum Schaden, da es dir dazu verhilft, die Zeitlichkeit – christlich – ungenutzt zu lassen – bis du dann vor der Ewigkeit stehst, wo du kein Christ bist, wofern du es nicht warst, und wo es unmöglich ist, einer zu werden? Du, der du dies liesest, sage selbst: Habe ich nicht recht gehabt, und habe ich es nicht immer noch: daß zuallererst alles getan werden muß, um ganz sicher zu bestimmen, was nach dem Neuen Testament gefordert wird, um Christ zu sein, daß zuallererst alles getan werden muß, damit wir doch aufmerksam werden können?

* * *

Ich sage, daß die »Christenheit« Geschwätz sei, das sich am Christentum festgeklammert habe wie Spinngewebe an einer Frucht, und das nun so gütig ist, sich mit dem Christentum zu verwechseln, ebenso wie wenn das Spinngewebe meinte, die Frucht zu sein, weil es, obwohl nicht ganz so vortrefflich, doch an der Frucht hängt. Diese Art Dasein, wie es die Millionen der Christenheit zeigen, hat überhaupt kein Verhältnis zum Neuen Testament, ist etwas Unwirkliches, was kein Anrecht hat auf Christi Verheißungen, die Gläubigen betreffend; ja, etwas Unwirkliches, denn wahre Wirklichkeit ist nur dort, wo ein Mensch derart entscheidend gewagt hat, wie Christus es fordert – und dann gehen auch sogleich die Verheißungen ihn an.

Die »Christenheit« aber ist dieser widerwärtige Humbug, ganz und gar in der Endlichkeit bleiben zu wollen und dann – die Verheißungen des Christentums mitzunehmen.

Was sagt der Brand-Major?

Daß ein Mensch, wenn er auf irgendeine Weise, wie man sagt, ein Panier hat, etwas, was er im Ernste will – und wenn da andere sind, die es sich zur Aufgabe machen, ihn zu hindern, ihm entgegenzuwirken und zu schaden, daß er dann seine Maßnahmen gegen diese seine Feinde treffen muß, darauf wird jeder sogleich aufmerksam. Daß es aber, wenn man so will, ein gutmütiges Wohlwollen gibt, das vielleicht viel gefährlicher und wie darauf berechnet ist, zu verhindern, daß die Sache in Wahrheit Ernst wird: darauf wird nicht jeder sogleich aufmerksam.

Wenn ein Mensch plötzlich krank wird, eilen sogleich die Wohlwollenden zu Hilfe, der eine schlägt dies vor, der andere das; bekämen sie alle zusammen Erlaubnis, ihre Ratschläge auszuführen, so wäre wohl der Tod des Kranken sicher, des einzelnen wohlgemeinter Rat kann vielleicht schon bedenklich genug sein. Und selbst wenn nichts davon geschieht und man weder den Rat sämtlicher Wohlwollenden noch den eines einzelnen befolgt: ihre betriebsam, wirbelnde Gegenwart gereicht vielleicht dennoch zum Schaden, sofern sie dem Arzt im Wege stehen.

Genauso auch bei einer Feuersbrunst. Kaum hat man das Feuerhorn gehört, so stürmt auch schon eine Menschenmasse hin zur Brandstelle, nette, herzensgute, teilnahmsvolle, hilfreiche Leute; der eine hat einen Stieleimer, der andere einen Spülnapf, der dritte eine Gießkanne usw., alles nette, herzensgute, teilnahmsvolle, hilfreiche Leute, die so gern beim Löschen helfen möchten.

Jedoch, was sagt der Brand-Major? Der Brand-Major, er sagt – ja, sonst ist der Brand-Major ein äußerst umgänglicher und gebildeter

Mann; aber bei einer Feuersbrunst hat er, wie man sagt, ein grobes Maulwerk. Wenn dann diese Wohlwollenden vielleicht beleidigt sind, es höchst unpassend finden, daß man solcherart mit ihnen umspringt, und verlangen, daß sie zumindest mit Achtung behandelt werden – was sagt dann der Brand-Major? Ja, sonst ist der Brand-Major ein äußerst umgänglicher und gebildeter Mann, der jedem die Achtung erweisen wird, die ihm gebührt, aber bei einer Feuersbrunst steht es anders mit ihm – er sagt: »Wo ist die Polizei!« Und kommen dann einige Schutzmänner, so sagt er zu ihnen: »Schafft mir diese Leute mit ihren Stieleimern und Gießkannen vom Leibe; und wenn sie nicht im Guten wollen, so zieht ihnen einige über den Buckel, damit wir sie los werden – und vorwärtskommen.«

Also bei einer Feuersbrunst ist die ganze Betrachtungsweise eine völlig andere als im geruhsamen täglichen Leben. Das, wodurch man im geruhsamen täglichen Leben erreicht, daß man wohlgelitten ist: eine gutmütige, wohlwollende Teilnahme, das wird bei einer Feuersbrunst mit Grobheiten und zuletzt mit einigen auf den Buckel belohnt.

Und das ist vollkommen in Ordnung. Denn eine Feuersbrunst, das ist Ernst; und überall, wo es wirklich Ernst ist, da bleibt diese wohlwollende Teilnahme völlig unzulänglich.

Nein, der Ernst verschafft einem ganz anderen Gesetz Geltung: dem Entweder-oder; entweder bist du der, welcher hier ernsthaft etwas tun kann oder hier ernsthaft etwas zu schaffen hat, oder, falls du nicht in solcher Lage bist, dann ist es gerade der Ernst, daß du dich fortmachst. Willst du das nicht von selbst verstehen, so läßt es der Brand-Major dir durch die Polizei einbleuen, was dir dein gehörig Teil eintragen kann, und was doch vielleicht dazu beitragen könnte, daß du ein wenig ernsthaft wirst, entsprechend dem Ernst, den eine Feuersbrunst bedeutet.

Aber wie bei einer Feuersbrunst, genauso auch in der Welt des Geistes. Überall, wo da eine Sache ist, die vorangebracht werden soll, ein Vorhaben, das durchgeführt werden soll, eine Idee, die angebracht werden soll – man kann stets sicher sein: wenn der, welcher eigentlich der Mann dazu ist, der Rechte, der, welcher in höherem Sinne das Kommando hat oder es haben sollte, der, welcher den Ernst hat oder der Sache den Ernst geben kann, den sie in Wahrheit hat – man kann stets sicher sein: sobald er, wenn ich mich so ausdrücken darf, an Ort und Stelle erscheint, wird er da eine gemütliche Schwatz-Gesellschaft vorfinden, die, unter dem Namen des Ernstes, darin herumpfuscht, wie man jener Sache dienen, dieses Vorhaben fördern und jene Idee anbringen wolle; eine Schwatz-Gesellschaft, die es als sicheren Beweis für den mangelnden Ernst des Ankömmlings betrachtet, wenn er nicht gemeinsame Sache mit ihr macht (was gerade der Ernst ist). Ich sage, wenn der Rechte kommt, wird er diese Gesellschaft vorfinden; ich könnte die Sache auch dergestalt wenden: ob er der Rechte ist, entscheidet sich im Grunde daran, wie er sich selbst im Verhältnis zu dieser Schwatz-Gesellschaft versteht. Glaubt er, daß sie geeignet sei, ihm zu helfen und daß er sich durch die Vereinigung mit ihr stärken sollte, so ist er eben damit nicht der Rechte. Der Rechte sieht sofort, wie der Brand-Major, daß diese Schwatz-Gesellschaft weg muß, daß ihre Anwesenheit und ihr Wirken die gefährlichste Unterstützung ist, die die Feuersbrunst bekommen könnte.

Aber in der Welt des Geistes ist es nicht wie bei einer Feuersbrunst, wo der Brand-Major bloß zur Polizei zu sagen braucht: »Schafft mir diese Leute vom Halse.«

So denn steht es überall in der Welt des Geistes, und genauso auch auf dem religiösen Gebiet. Man hat die Geschichte schon oft mit dem verglichen, was die Chemiker einen Prozeß nennen. Dies Bild kann durchaus bezeichnend sein, wohlgemerkt, wenn man es richtig versteht. Man spricht von einem Filterprozeß; Wasser wird gefiltert und setzt in diesem Prozeß die unreineren Bestandteile ab. Ganz im entgegengesetzten Sinne ist die Geschichte ein Prozeß. Die Idee wird angebracht – und geht nun ein in den Prozeß der Geschichte. Aber dieser besteht unglücklicherweise nicht darin – eine lächerliche Annahme! – die Idee zu läutern, die niemals reiner ist als bei ihrem Ursprung, nein, er besteht darin, in steter Steigerung die Idee zu verhunzen, zu verpfuschen und zu zerreden, die Idee zu verbrauchen und – das Widerspiel des Filtrierens – die ursprünglich fehlenden, unreineren Bestandteile zuzusetzen, bis es schließlich durch das begeisterte, sich gegenseitig anerkennende aufeinanderfolgende Zusammenwirken einer Reihe von Geschlechtern erreicht ist, daß es mit der Idee völlig aus ist und das Widerspiel der Idee das geworden ist, was jetzt die Idee genannt wird, mittels der Behauptung, dies sei erreicht durch den historischen Prozeß, worin die Idee geläutert und veredelt werde.

Wenn dann endlich der Rechte kommt, er, der im höchsten Sinne die Aufgabe hat, vielleicht frühzeitig ausersehen und langsam auferzogen ist für dieses Geschäft, welches darin besteht, Licht in die Sache zu bringen, Feuer zu legen an dies Gestrüpp, die Brutstätte allen Geschwätzes, allen Sinnentrugs, aller Gaunereien – wenn er kommt, so wird er stets eine Schwatz-Gesellschaft vorfinden, die in herzensguter Gemütlichkeit schon auch glaubt, es sei etwas verkehrt und es müsse etwas getan werden, oder die sich zusammengefunden hat, um darüber zu schwatzen, daß etwas ungeheuer verkehrt sei, und um damit sich selbst wichtig zu werden, indem sie darüber schwatzt. Wenn er, der Rechte, nur eine Sekunde fehl sieht und glaubt, diese Gesellschaft sei es, die ihm helfen sollte, so ist er eben damit nicht der Rechte. Wenn er fehlgreift und sich mit dieser Gesellschaft einläßt: so läßt die Lenkung ihn augenblicklich als unbrauchbar fallen.

Aber der Rechte, er sieht mit einem halben Auge, was der Brand-Major sieht: daß diese Gesellschaft, die wohlmeinend helfen will, eine Feuersbrunst mit einem Stieleimer oder einer Gießkanne zu löschen, daß diese gleiche Gesellschaft, die hier, wo nicht die Rede davon ist, eine Feuersbrunst zu löschen, sondern gerade Feuer anzulegen, wohlmeinend dabei helfen will mit einem Schwefelhölzchen ohne Schwefel oder einem nassen Fidibus – daß diese Gesellschaft weg muß, daß er nicht das allergeringste mit dieser Gesellschaft zu tun haben darf, daß er gegen sie ein so grobes Maulwerk haben muß wie nur möglich, er, der vielleicht sonst nichts weniger als grob ist. Aber es geht alles darum, diese Gesellschaft los zu werden; denn ihr Wirken bedeutet, daß sie in Gestalt herzlicher Teilnahme der Sache den eigentlichen Ernst aussaugt. Natürlich wird dann die Gesellschaft gegen ihn toben, gegen diesen fürchterlichen Hochmut usw. Das darf ihn überhaupt nicht beirren.

Überall, wo es in Wahrheit Ernst sein soll, gilt das Gesetz: Entweder-oder; entweder bin ich der, welcher im Ernst mit der Sache zu tun hat, dazu berufen und unbedingt bereit, entscheidend zu wagen; oder, falls das nicht meine Lage ist, dann ist das der Ernst: Mich überhaupt nicht damit zu befassen. Nichts ist abscheulicher, niederträchtiger, verräterischer und bewirkt eine tiefere Zuchtlosigkeit als folgendes: So ein bißchen mit dabei sein zu wollen, wo es gilt *aut-aut, aut Caesar aut nihil* (entweder – oder, entweder Caesar oder nichts), so ein bißchen mit dabei sein zu wollen, so von Herzen ein klein wenig, darüber zu schwatzen, und dann mit diesem Geschwätz sich heuchlerisch anzumaßen, daß man besser sei als die, welche sich überhaupt nicht mit der ganzen Angelegenheit befassen – sich anzumaßen, daß man besser sei, und damit die Sache zu erschweren für den, der wirklich die Aufgabe hat.

Die Erweckten heutzutage

Sobald die Erweckten zusammenkommen, reden sie sogleich über nichts anderes als über das Christentum. Das ist widerwärtige Selbstgefälligkeit. Aber taten das denn nicht die ersten Christen? Ja, weshalb war es da nicht Selbstgefälligkeit? Weil das Schwert der Verfolgung jede Stunde über ihrem Haupte schwebte, weil es fortwährend um Leben und Tod ging, weil alles Ereignis und Handlung war, so daß es unmöglich war, nicht darüber zu sprechen, ebenso wie es unmöglich ist, über anderes zu sprechen als über eine Feuersbrunst – solange diese andauert.

Aber die Erweckten heutzutage leiden nichts, handeln nicht – und deshalb ist dieses ständige Reden Selbstgefälligkeit.

* * *

»Da die Türen verschlossen waren, kam Christus zu den Jüngern.« Dergestalt müssen die Türen verschlossen sein, verschlossen vor der Welt – dann kommt Christus hinein, durch verschlossene Türen, er kommt ja auch von inwendig her.

Als das Christentum stritt, da waren die Türen stets verschlossen – die Ungleichartigkeit des Christlichen.

In der Christenheit hat man die Türen sperrangelweit offen stehen lassen – Gleichartigkeit mit der Welt –, dann kommt Christus auch nicht.

Das Kriminalverbrechen

Man erzählt von einem Bierzapfer eine lächerliche Geschichte. Man erzählt, er habe sein Bier flaschenweise einen Schilling unter dem Einkaufspreis vertrieben, und als einer zu ihm sagte:

»Wie kannst du dabei auf deine Rechnung kommen, das heißt ja, Geld zusetzen«, erwiderte er:

»Nein, mein Freund, die Menge macht's.« Die Menge, die ja auch heutzutage das Allmächtige ist.

Wenn man über diese Geschichte gelacht hat, tut man gut, die Lehre daraus zu ziehen, die vor der Macht warnt, welche die Zahl über die Phantasie ausübt. Darüber kann nämlich kein Zweifel sein, daß der Bierzapfer sehr gut verstand, daß eine Flasche Bier, die ihn selbst 4 Schilling kostet, für 3 Schillinge verkauft, einen Schilling Verlust bedeutet. Auch im Verhältnis zu 10 Flaschen könnte der Bierzapfer festhalten, daß es Verlust bedeutet. Aber, aber 100 000 Flaschen: Da setzt die große Zahl die Phantasie in Bewegung, die runde Zahl rennt mit ihm davon, der Kopf wirbelt dem Bierzapfer – das heißt Gewinn, sagt er, denn die Menge macht's.

Genauso auch mit der Rechnung, die ein christliches Volk herausbekommt durch Zusammenzählen von Einern, die keine Christen sind, es herausbekommt mit Hilfe dessen, daß »die Menge es macht«. Das ist für wahres Christentum der allergefährlichste Sinnentrug, und zugleich ist es von allem Sinnentrug eben der, dem jeder Mensch am leichtesten verfällt; denn die Zahl (die hohe Zahl, wenn es hinaufgeht in die Hunderttausende, in die Millionen) und die Phantasie, diese beiden passen ganz zueinander. Aber, christlich, ist natürlich die Rechnung falsch, und ein christliches Volk, gebildet aus Einern, die ehrlich eingestehen, daß sie keine Christen seien, desgleichen ehrlich eingestehen, daß ihr Leben keineswegs ein Streben heißen könne in Richtung dessen, was das Neue Testament unter Christentum versteht – ein solches christliches Volk ist eine Unmöglichkeit. Hingegen könnte ein Schelm sich kein besseres Versteck wünschen als hinter Redensarten wie: Das Volk ist christlich, das Volk strebt christlich, da es fast ebenso schwierig ist, solchen Redensarten beizukommen, wie wenn einer sagte: N. N. ist ein Christ. N. N. strebt christlich.

Da aber das Christentum Geist ist, Nüchternheit des Geistes und Redlichkeit der Ewigkeit, ist natürlich für seinen Polizeiblick nichts verdächtiger als alle phantastischen Größen: Christliche Staaten, christliche Lande, ein christliches Volk, eine – wunderlich! – eine christliche Welt. Und wäre auch etwas Wahres an dieser Rede von christlichen Völkern und Staaten, wenn, wohlgemerkt, alle Zwischenbestimmungen, jeder Abstand vom Christentum des Neuen Testaments redlich und ehrlich angegeben und kenntlich gehalten würde: Sicher ist, daß an diesem Punkt – christlich – ein ungeheuerliches Kriminalverbrechen verborgen liegt; ja alles, was die Welt bisher an Kriminalfällen gesehen hat, nimmt sich wie eine Lappalie aus im Vergleich mit diesem ungeheuerlichen Kriminalfall, der, lange Zeiten hindurch fortgesetzt von Geschlecht zu Geschlecht, dennoch, was ja einer menschlichen Gerechtigkeit widerfahren kann, der göttlichen Gerechtigkeit nicht über den Kopf gewachsen ist.

Dies ist der religiöse Zustand.

Nur einer gelangt zum Ziel

Es gibt eine Anschauung vom Leben, welche meint, daß da, wo Menge ist, auch die Wahrheit ist, daß es der Wahrheit selber ein Bedürfnis ist, Menge für sich zu haben. Es gibt eine andere Anschauung vom Leben; sie meint, daß überall da, wo Menge ist, die Unwahrheit ist, so daß, ob etwa – um die Sache einen Augenblick auf die äußerste Spitze zu treiben – gleich alle Einzelnen, jeder für sich, in der Stille die Wahrheit hätten, dennoch alsogleich da, wo sie in Menge zusammen kämen (dergestalt, daß die »Menge« irgendeine *entscheidende,* abstimmende, lärmende, laute Bedeutung bekäme), die Unwahrheit zur Stelle wäre.

Denn »Menge« ist die Unwahrheit. Ewig, fromm, christlich gilt nämlich das, was Paulus sagt: »Nur Einer gelangt zum Ziel« (1. Kor. 9,24) nicht etwa vergleichsweise, denn im Vergleiche sind ja doch »die anderen« mit dabei. Das will besagen, ein jeder kann dieser Eine sein, dazu wird Gott ihm helfen – aber nur Einer gelangt zum Ziel; und das wieder will besagen, ein jeder soll mit »den andern« nur vorsichtig sich einlassen, wesentlich allein mit Gott und mit sich selber reden – denn nur Einer gelangt zum Ziel; und das wieder will besagen, der Mensch ist verwandt mit – oder Mensch sein heißt verwandt sein mit – der Gottheit.

Weltlich, zeitlich, geschäftig, gesellig-freundschaftlich heißt es: »Welch eine Ungereimtheit, daß nur Einer zum Ziele gelangt, es ist ja doch weit wahrscheinlicher, daß viele vereint zum Ziel gelangen; und wenn wir unser viel werden, so wird es sicherer und zugleich leichter für jeden einzelnen.«

Ganz gewiß, es ist weit *wahrscheinlicher;* und es ist auch wahr für alle irdischen und sinnfälligen Ziele; und es wird das einzig Wahre, wenn es frei walten und schalten darf, denn dann schafft diese Betrachtung Gott ab und die Ewigkeit und die Verwandtschaft des »Menschen« mit der Gottheit, schafft das ab oder verwandelt es in eine Fabel und setzt an die Stelle das Moderne (was im übrigen das alte Heidnische ist): Mensch sein heiße als Exemplar einem verstandesbegabten Geschlechte zugehören, so daß das Geschlecht, die Art, höher ist als das Individuum, oder so, daß es bloß Exemplare, keine Individuen gibt.

Aber die Ewigkeit, die sich hoch über der Zeitlichkeit wölbt, stille wie der Himmel der Nacht, und Gott im Himmel, der von der Seligkeit dieser erhabenen Stille her, ohne daß es ihm auch nur im mindesten schwindelt, Überschau hält über diese unzähligen Millionen und jeden Einzelnen kennt, er, der große Prüfer, er sagt: Nur Einer gelangt zum Ziel. Das will besagen: Ein jeder vermag es, und ein jeder sollte dieser Eine werden, aber nur Einer gelangt zum Ziel.

Wo daher Menge ist, oder wo dem, daß Menge da ist, entscheidende Bedeutung beigelegt wird, da ist das, dafür man arbeitet und lebt und strebt, nicht das höchste Ziel, sondern lediglich das eine oder andere irdische Ziel; denn für das Ewige kann, entscheidend, nur gearbeitet werden, wo da einer ist; und dieser eine sein, zu dem alle werden können, heißt: sich von Gott helfen lassen wollen – »die Menge« ist die Unwahrheit.

* * *

Von Nichts kann man nicht leben. Das hört man so oft, besonders von Pastoren. Und gerade die Pastoren bringen folgendes Kunststück fertig: das Christentum ist gar nicht da – dennoch leben sie davon.

Vom geistlichen Stand

Also, an sich ist es völlig gleichgültig, ob lange oder kurze Kleider die Standeskleidung bilden. Das Entscheidende dagegen ist folgendes: Sobald der Lehrer einen »Ornat« bekommt, eine besondere Tracht, eine Standeskleidung, dann hast du den amtlichen Gottesdienst – und den will Christus nicht haben. Lange Kleider, prächtige Kirchengebäude usw., all das hängt zusammen und ist die menschliche Fälschung des neutestamentlichen Christentums, eine Fälschung, die es sich schandbar zunutze macht, daß sich leider die Menge der Menschen nur allzuleicht von einem Sinneseindruck betören läßt und deshalb (geradewegs dem neuen Testament zuwider) geneigt ist, das wahre Christentum an einem Sinneseindruck zu erkennen.

Das ist die menschliche Fälschung des neutestamentlichen Christentums; und mit dem geistlichen Stand steht es nicht so wie mit anderen Ständen, daß an und für sich nichts Böses an dem Stande ist: nein, der geistliche Stand ist, in christlichem Sinne, an und für sich vom Bösen, ist etwas Verdorbenes, menschliche Selbstsucht, die das Christentum gerade umgekehrt wendet, wie Christus es getan hat.

Aber da nun doch einmal lange Kleider die Standeskleidung der Pfarrer geworden sind, so kann man auch sicher sein, daß das etwas bedeutet, und ich glaube, daß man das Wesen oder Unwesen des amtlichen Christentums höchst bezeichnend erfassen kann, wenn man darauf achtet, was es bedeutet.

Lange Kleider bringen unwillkürlich auf den Gedanken, daß man etwas zu verbergen habe; wenn man etwas zu verbergen hat, sind lange Kleider sehr zweckdienlich – und das amtliche Christentum hat außerordentlich viel zu verbergen, denn es ist von Anfang bis Ende eine Unwahrheit, die deshalb am besten – unter langen Kleidern verborgen wird.

* * *

Ehemals war es so, daß alle anderen Wissenschaften ihren Glanz vom Christentum empfingen, von der Theologie: ein Naturforscher, ein Arzt usw. – war er zugleich Doktor der Theologie, so war dies eine Empfehlung. Ach, bald haben die Menschen es völlig umgedreht. Daß Pascal ein berühmter Mathematiker war, das kommt beinahe dem Christentum gleichsam zugute, in Anbetracht dessen deucht einen, man könne doch auf ihn hören und erwägen, was er sagt. Ach, was für eine Veränderung!

Der Gottesdienst der Pastoren

Bilde ein ganz willkürliches Beispiel, um desto deutlicher die Wahrheit zu erkennen!

Laß uns annehmen, es sei Gottes Wille, daß wir Menschen nicht in den Tiergarten fahren sollten.

Darauf könnte sich »der Mensch« natürlich nicht einlassen. Was würde da geschehen? Es geschähe folgendes: Der »Pastor« würde ausfindig machen: Wenn man z. B. den viersitzigen Holsteinerwagen segnete und über den Pferden das Kreuzzeichen schlüge, dann würde die Ausfahrt in den Tiergarten Gott wohlgefällig werden.

Die Folge würde also sein, daß man ganz unverändert ebensooft in den Tiergarten führe wie jetzt, nur daß es nun etwas teurer geworden wäre, vielleicht 5 Reichstaler mehr kostete für Standespersonen, 5 Reichstaler dem Pastor, und 4 Schilling für die Armen. Aber dann würde der Tiergartenausflug auch den Reiz haben, daß er gleichzeitig Gottesdienst wäre.

Vielleicht verfielen auch die Pastoren darauf, das Geschäft als Pferde- und Wagenverleiher selber zu machen; wenn es dann Gott richtig

wohlgefällig sein sollte, daß man in den Tiergarten fährt, so müßte der
Wagen bei den Pastoren geliehen sein, vielleicht müßte ein Pastor dabei sein, vielleicht sogar – dann wäre es Gott ganz besonders wohlgefällig – ein Pastor Kutscher sein, vielleicht müßte sogar – dann wäre es
im aller-allerhöchsten Grade Gott wohlgefällig – ein Bischof Kutscher
sein. Aber daß man diesen aller-allerhöchsten Gipfel der Gottwohlge-
fälligkeit erreichte, wäre so teuer, daß diese Art Gottesdienst nur denen vorbehalten sein könnte, die auch zufolge des vervollkommneten
Christentums (denn das Neue Testament hat bekanntlich eine andere
Auffassung) die einzigen sind, die es sich leisten können, Gott vollkommen wohlzugefallen, nämlich den Millionären.

Das Risiko

Es ist ein Wagestück zu predigen; denn indem ich den heiligen Ort
besteige – mag die Kirche nun überfüllt sein oder so gut wie leer, mag
ich selbst darauf merken oder nicht: ich habe einen Zuhörer mehr, als
da zu sehen ist; einen unsichtbaren Zuhörer, Gott im Himmel, welchen ich freilich nicht sehen kann, welcher aber wahrlich mich sehen
kann.
    Dieser Zuhörer, er horcht genau hin, ob wahr ist, was ich sage, ob
es wahr ist in mir, also er schaut nach – und das kann er, eben weil er
unsichtbar ist, auf eine Art, die es einem unmöglich macht, sich vor
ihm in acht zu nehmen – er schaut nach, ob mein Leben ausdrückt,
was ich sage. Und ob ich gleich keine Vollmacht habe, einem anderen
Menschen eine Pflicht aufzulegen: Jedes Wort, das ich von der Kanzel
in der Predigt gesagt habe, habe ich mir selber zur Pflicht gemacht –
und Gott hat es gehört. In Wahrheit, ein Wagestück zu predigen!
    Die meisten haben sicherlich eine Vorstellung davon, daß Mut dazu
gehört, als Schauspieler auf der Bühne aufzutreten, sich hinauszuwagen in die Gefahr, daß aller Augen sich auf einen richten. Und doch ist
diese Gefahr in gewissem Sinne, wie alles, was zur Bühne gehört, bloß
ein Blendwerk; denn der Schauspieler bleibt ja für seine Person aus
dem Spiele, seine Aufgabe ist gerade zu täuschen, sich zu verstellen,
einen anderen vorzustellen und eines anderen Worte genau wiederzu-
geben.
    Der Verkündiger der christlichen Wahrheit dahingegen, er tritt an
einem Orte auf, an dem zwar nicht aller Augen sich auf ihn richten,

jedoch das Auge eines Allwissenden; er hat die Aufgabe, er selbst zu sein, und das in einer Umgebung, dem Hause Gottes, die, lauter Auge und Ohr, das eine von ihm fordert: daß er er selbst, daß er wahr sei. Daß er wahr sei, das heißt, daß er selber sei, was er verkündigt, oder doch danach strebe, es zu sein, oder doch so wahrhaftig sei, von sich selber einzugestehn, daß er es nicht ist – ach, wie mancher, der, um das Christentum zu verkündigen, den heiligen Ort besteigt, ist wohl kaum feinhörig genug, um den Unwillen und Hohn des heiligen Ortes über ihn zu entdecken, daß er begeistert, gerührt, schluchzend das verkündigt, davon sein Leben das Gegenteil ausdrückt!

Da wird Gott zum Narren gehalten

Die Gattung Menschen, welche heute lebt, könnte etwas so Kräftiges wie das Christentum des Neuen Testaments überhaupt nicht vertragen (sie würde daran sterben oder den Verstand verlieren), ganz im gleichen Sinne, wie Kinder starke Getränke nicht vertragen können, weshalb man für sie ein wenig Limonade bereitet – und das amtliche Christentum ist Limonadengewäsch für die Art Wesen, die man jetzt Menschen nennt, es ist das Stärkste, was sie vertragen können, und dieses Gewäsch nennen sie dann in ihrer Sprache Christentum, ähnlich wie ja Kinder ihre Limonade Wein nennen.

In der »Christenheit« geht das Christentum, das Christsein, nach folgendem Paradigma: Der und der Mann, das ist ein herrlicher Mann, ein wahrer Glaubensmann: Er müßte das Verdienstkreuz haben … ach, das ist zu wenig für einen so vortrefflichen Glaubensmann, er muß das Großkreuz haben usw. usw. Und zugrundegelegt wird der segensreichen Tätigkeit dieser Ritter des Verdienst- und Großkreuzes, der Konsistorialräte und Konferenzräte stets das Neue Testament, worin geschrieben steht: Wie könnt ihr glauben, die ihr Ehre voneinander nehmt? Das heißt, die Christenheit bringt von Geschlecht zu Geschlecht, von Jahrhundert zu Jahrhundert das Kunststück fertig, *mensa nach domus* zu deklinieren.

Deshalb will ich lieber, als daß ich auch nur mit dem äußersten Tausendstel vom Nagel meines kleinen Fingers am amtlichen Christentum teilnehme, unendlich lieber will ich Folgendes ernsthaft mitmachen: Im Kramladen kauft man eine Fahne; sie wird entfaltet; mit großer Feierlichkeit trete ich zu ihr hin, erhebe die drei Finger und

75

schwöre auf die Fahne. Kostümiert mit Dreispitz, Patronentasche, Säbel (alles aus dem Kramladen) besteige ich dann ein Steckenpferd, um, im Gleichtritt mit den andern, einen Angriff auf den Feind zu machen, unter Verachtung der Todesgefahr, in die ich mich sichtbarlich stürze, mit dem Ernst eines Menschen, der weiß, was es bedeutet, auf die Fahne geschworen zu haben. Aufrichtig gesprochen – ich bin kein Freund davon, bei dieser Art Ernst mitzumachen; schlimmstenfalls aber tue ich es doch unendlich lieber, als daß ich teilnehme am Ernst des amtlichen Christentums, des Sonntagsgottesdienstes der Eidgebundenen. Das Erstere heißt doch nur, sich selber zum Narren halten, das Letztere heißt, Gott zum Narren halten.

Was ist ein Zeuge?

Schau, das ist wieder eine Folge der Grund-Verwirrung: daß das Christentum nicht von Zeugen, sondern von Lehrern verkündigt wird.

Was ist ein Zeuge? Ein Zeuge ist jemand, der unmittelbar den Beweis führt für die Wahrheit der Lehre, die er verkündigt – unmittelbar, ja, teils dadurch, daß sie Wahrheit in ihm ist und Seligkeit, teils dadurch, daß er augenblicklich seine Person darbietet und sagt: Schau nun, ob ihr mich zwingen könnt, diese Lehre zu verleugnen. Durch diesen Streit, bei dem der Zeuge vielleicht physisch unterliegt – sterben muß –, siegt die Lehre. Die Gegenseite hat keine solche Anschauung, für die sie zu sterben wagte. Dies ist der ständige praktische Beweis für die Wahrheit der Lehre.

Aber ein Lehrer! Er hat Beweise und Erklärungen – aber er selber hält sich draußen, und das Ganze wird lächerlich, alle Einwendungen triumphieren.

»Der Professor«

Laß uns die Mathematik nehmen. Es ist sehr möglich, daß ein berühmter Mathematiker z. B. Märtyrer seiner Wissenschaft würde – deshalb steht nichts im Wege, daß ich Professor in dem Fach werde, das er vorgetragen hat. Denn hier ist die Lehre, die Wissenschaft das Wesentliche, das persönliche Leben des Lehrers das Zufällige.

Aber ethisch-religiös, und besonders christlich, gibt es keine Lehre in dem Sinne, daß sie das Wesentliche ist und die Person das Zufällige; hier ist die Nachfolge das Wesentliche. Was für ein Unsinn dann, daß jemand, anstatt Christus nachzufolgen oder den Aposteln oder zu leiden, wie sie gelitten haben, daß jemand statt dessen Professor wird – in welchem Fach? Ja, darin, daß Christus gekreuzigt wurde und die Apostel gestäupt.

Es fehlte bloß, daß auf Golgatha ein Professor zugegen gewesen wäre, der sich sogleich niedergelassen hätte als Professor – der Theologie? Ja, da sehen wir, die Theologie war damals noch nicht aufgekommen, deshalb wäre damals recht deutlich geworden: Sollte er Professor in irgendeinem Fach werden, dann darin, daß Christus gekreuzigt war. Also Professor werden darin, daß ein anderer totgeschlagen wird. Es könnte ganz schnurrig sein, einen solchen Professor den ganzen Feldzug mitmachen zu lassen. Er würde also zuerst Professor darin, daß Christus gekreuzigt war. Nun begännen die Apostel. Da werden Petrus und Jakobus vor den Hohen Rat gebracht, und darauf gestäupt – sogleich wird das zu einem neuen Paragraphen, und der Professor wird noch am selben Tag Professor darin, daß Petrus und Jakobus gestäupt wurden. Der Hohe Rat verbietet darauf den Aposteln, Christus zu verkündigen. Aber was tun die Apostel? Sie lassen sich nicht irremachen, fahren mit dem Verkündigen fort, denn man muß Gott mehr fürchten als die Menschen – und der Professor läßt sich auch nicht irremachen, er wird Professor darin, daß Petrus und Jakobus, ungeachtet sie gestäupt worden waren, sich doch nicht hindern ließen, die Wahrheit zu verkündigen – denn ein Professor muß den neuen Paragraphen mehr lieben als Gott und die Wahrheit. Der »Professor« kommt stets mit – es ist ja auch das Stichwort für den Professor, daß er mitkommt, mit der Zeit mitkommt, hingegen nicht, daß er nachkommt, Christo nachfolgt. Angenommen, es hätte einen gleichzeitigen theologischen Professor gegeben, damals, als die Theologie noch nicht aufgekommen war, so hätte man die Apostelgeschichte durchgehen können und wäre unterrichtet gewesen durch Achten auf das, worin er nun Professor gewesen wäre.

Dann endete es damit, daß der Apostel gekreuzigt wurde – und der Professor wurde Professor darin, daß der Apostel gekreuzigt wurde. Darauf verschied der Professor mit einem stillen, ruhigen Tod.

Schau, das ist die Art, auf die man all dieser Wissenschaftlichkeit ein Ende machen kann, wenn sie allzu wichtig und anspruchsvoll wird: man bemächtigt sich des »Professors« und setzt ihn vor die Tür, bis hier Einräumungen gemacht werden – und dann kann das ganze Bestehende gern bestehen.

Im übrigen ist der »theologische Professor« ein Richtpunkt innerhalb der Christenheit: im gleichen Maße, wie der »Professor« für das Höchste gehalten wird, im gleichen Maße ist man im Christentum am stärksten irregeführt; an der Art, wie man über »den Professor« urteilt, kann man den Standort der Christenheit erkennen und das Urteil über das Christentum.

Der »Professor« der Theologie

O fürchterliche Tiefe der Verwirrung, o fürchterliche, durch Beharrung verhärtete Irreführung. Von Generation zu Generation diese Hunderte und Aberhunderte von Professoren – in der Christenheit, also denn doch wohl Christen, zumal sie ja Professoren der Theologie waren. Sie haben Bücher geschrieben, und wiederum Bücher über die Bücher, und Bücher, um Überschau zu halten – da gab es wieder Zeitschriften, welche nur darüber schrieben, und die Buchdruckereien gediehen, und viele viele Tausende fanden Nahrung ... und das Leben keines einzigen dieser Leihdiener ähnelte auch nur im entferntesten einer wahren christlichen Existenz – ja, keinem einzigen von ihnen fiel es ein, das Neue Testament zu nehmen, es geradezu und einfältig zu lesen und sich selbst vor Gott die Frage vorzulegen: »Ähnelt denn mein Leben auf irgendeine, wenn auch noch so entfernte Weise dem Christi, so daß ich mich einen Nachfolger nennen dürfte – ich, Professor der Theologie, Ritter des Danebrog, geehrt und angesehen, mit festem Gehalt und freier Dienstwohnung und Verfasser mehrerer gelehrter Schriften über die drei Missionsreisen des Paulus – ?«

Im Neuen Testament finden sich Stellen, aus denen man beweisen kann, daß es seine Richtigkeit hat mit Bischöfen, Priestern, Diakonen (wie wenig auch die heutigen der ursprünglichen Zeichnung ähneln), aber man finde doch im Neuen Testament die Stelle, wo vom »Professor der Theologie« die Rede ist! Weshalb muß man unwillkürlich lachen, wenn man zu jener Stelle, daß Gott gesetzt hat etliche zu Propheten, andere zu Aposteln, andere zu Vorstehern der Gemeinde – weshalb muß man unwillkürlich lachen, falls hinzugefügt würde: etliche zu Professoren der Theologie? Weshalb könnte da fast ebenso gut stehen: Gott hat gesetzt etliche zu Kanzleiräten?

78

Der »Professor«, das ist eine spätere christliche Erfindung – ja eine spätere christliche, denn sie wurde ungefähr zu der Zeit gemacht, da das Christentum zurückzugehen begann, und der »Höhepunkt« des »Professors« wurde gerade zu unserer Zeit erreicht – da das Christentum völlig abgeschafft ist.

Was drückt der »Professor« aus? Der »Professor« drückt aus, saß die Religion ein gelehrtes Problem ist; der Professor ist die größte Satire auf den »Apostel«. Man ist – Professor (wessen?) dessen, was ein paar Fischer in die Welt gesetzt haben: oh, treffliches Epigramm. Daß das Christentum die Welt solle überwinden können: ja, das hat der Stifter selbst vorausgesagt, und das glaubten die »Fischer«. Aber das Siegeszeichen: daß das Christentum in dem Maße siegen solle, daß es Professoren der Theologie gäbe – das hat der Stifter nicht vorausgesagt, es sei denn, das wäre dort geschehen, wo davon die Rede ist, daß der »Abfall« eintreten wird.

Das Christentum und die Wissenschaft

Das Christentum lehrt, daß Streit ist zwischen Gott und den Menschen.

Und die Naturwissenschaft ist die eingebildetste von allen, und wohlgemerkt, gerade eingebildet in Richtung auf Empörung gegen Gott (*Anmerkung*: Daß sich deshalb wohl der eine oder andere wirklich demütige und fromme Naturforscher finden kann, ist etwas anderes. Ich habe auch zunächst die ganze Gesellschaftsklasse im Auge, die sich auf die Naturwissenschaft beruft), vermutlich auf ihre Experimente, welchen die Natur gehorcht, und auf ihre Berechnungen und Voraussagen usw. trotzend, so daß sie wohl *entweder* Gott völlig überflüssig machen und an seine Stelle die Naturgesetze setzen will, welche – nachdem die Naturwissenschaften so unvergleichliche Fortschritte gemacht haben – der Wissenschaft, also dem Menschen, alleruntertänigst gehorchen müssen, so daß der Mensch eigentlich Gott wird, *oder* sie zwingen Gott so peinlich beengt in seine eigenen Gesetze hinein, daß, wenn ich es sagen darf, der Teufel Gott sei.

Der Streit zwischen Gott und »dem Menschen« wird deshalb wohl darin gipfeln, daß »der Mensch« sich hinter die Naturwissenschaft zurückzieht. Und es ist vielleicht auch der Gang der Zukunft, daß das

Christentum nun die Sinnestäuschungen abschütteln wird, und dann werden ganze Scharen von Menschen erscheinen, deren Religion die Naturwissenschaft sein wird.

Die Naturwissenschaft zeigt nun, daß ein ganzer Vorstellungskreis, der sich in der Heiligen Schrift findet und der die Naturerscheinungen betrifft, wissenschaftlich nicht haltbar ist: also ist die Heilige Schrift nicht Gottes Wort, keine Offenbarung. Hier kommt dann die theologische Wissenschaft in die Klemme. Denn die Naturwissenschaften haben vielleicht Recht in dem, was sie sagen – und die theologische Wissenschaft will dann gern auch Wissenschaft sein, aber dann ist sie auch hier mattgesetzt. Wenn das Ganze nicht so ernst wäre, wäre es sehr komisch, die peinvolle Lage der theologischen Wissenschaft zu bedenken, die wohlverdient ist, denn es ist die Sühne dafür, daß sie Wissenschaft hat sein wollen.

Das Lustige ist und bleibt die wissenschaftliche Theologie. Sie ist recht eigentlich in der Klemme und wird mit Hilfe der Naturwissenschaften immer mehr in die Klemme kommen. Denn die wissenschaftliche Theologie ist ohne Glauben, ohne Freimut vor Gott, ohne gutes Gewissen gegenüber der Heiligen Schrift.

Sie kann sich deshalb nicht gottesfürchtig Luft schaffen, wie Luther das sogleich tun würde mit Hilfe z. B. folgender Erklärung: »Unser Herr kümmert sich einen Dreck um die Naturwissenschaften; wenn es Gott gefällt, sich gebären zu lassen, zu leiden, um zu den Menschen über das Eine, was not ist, zu sprechen, dann ist da nicht auch noch nebenbei Zeit und Gelegenheit und Stimmung, um Winke über die Naturwissenschaft mitzuteilen oder zu verraten, daß er bereits Bescheid weiß über die Buchdruckerkunst und die Dampfmaschine. Ja, in dieser Hinsicht will Gott den Menschen so wenig etwas mit Hilfe einer Offenbarung mitteilen, daß er vielmehr, gerade um die Menschen zu versuchen, den einen oder anderen Galimathias einmischt, was darauf berechnet ist, all den sämtlichen Naturforschern und dem ganzen hochgeehrten naturwissenschaftlichen Publikum und allen Gesellschaften zur Ausbreitung der Naturlehre, allen zusammen, einem für alle und allen für einen zum Ärgernis zu gereichen.«

Der Streit mit den Einwendungen der Naturwissenschaften und der Kampf in dieser Hinsicht dürften im übrigen eine Entsprechung haben zu dem mit dem »System« (Hegels, d. Ü.). An sich haben die Einwendungen nicht viel zu bedeuten, aber eine mächtige öffentliche Meinung, eine weltliche Bildung, werden die Theologen zaghaft machen, so daß sie nichts anderes wagen, als sich den Anschein zu geben, sie seien auch ein wenig Naturwissenschaftler usw.; sie werden davor Angst haben, in dieser Hinsicht Schwarzer Peter zu sein, ganz wie seinerzeit in bezug auf das System. Was nötig sein wird, ist Komik und persönlicher Mut; Komik, um zu zeigen, wie lächerlich der Einwand ist, da er, wie sehr die Naturwissenschaft auch naturwissenschaftlich Recht hat, den springenden Punkt in der »Religion« verfehlt; und persönlicher Mut, um es zu wagen, Gott mehr zu fürchten als die Menschen.

Ist das Christentum?

Denk dir ein Arzneimittel, von dem bekannt ist, daß es eine ganz bestimmte Wirkung hat, z. B. ein Abführmittel.

Nun ist da ein Arzt, der vorzüglich darüber Bescheid weiß. Er kommt nun in ein anderes Land, und hier – man stelle sich seine Verblüffung vor – hier gebrauchen alle Ärzte dieses Mittel gegen Durchfall; jeder Apotheker weiß darüber Bescheid, und jeder Arzt verschreibt es so.

Der Arzt sagt: »Aber wie ist das möglich; und man muß ja, wenn anders der Patient dies Mittel bekommt, sofort entdecken, daß es gerade entgegengesetzt wirkt.«

Hierauf antwortet man: »Der Patient bekommt sogar eine reichliche Dosis davon, und es wirkt stopfend – und so haben wir es seit undenklichen Zeiten praktiziert.«

Nun sagt der Arzt: »Darf ich es einmal sehen?« Man bringt es ihm. Er untersucht es – ja, das ist was anderes, es ist ja gar nicht das, wovon ich rede, sondern ist ganz richtig ein allbekanntes Mittel, welches stopfend wirkt. Aber wie in aller Welt ist man darauf verfallen, Salep Bittersalz zu nennen!

Ebenso mit dem Christentum in der Christenheit. Im Neuen Testament ist das Christentum die nachdrücklichste Unruhe, die möglich ist – Gott im Himmel hat keine nachdrücklichere ausfindig machen können. Und in der Christenheit wird das Christentum – beruhigend gebraucht.

»Aber wie ist das möglich«, muß der Arzt sagen, »wie ist das möglich; wenn jemand auch nur eine kleine Dosis vom Christentum des Neuen Testaments einnimmt, wird er sofort merken, daß es nicht beruhigend wirkt.«

»Ja, darauf läßt sich nichts anderes antworten, als was Wahrheit ist, daß nämlich wir alle hierzulande das Christentum derart gebrauchen, und wir spüren alle die gleiche Wirkung: die beruhigende.«

»Darf ich dann vielleicht etwas genauer erfahren, was Sie unter Christentum verstehen?« Er erfährt es. »Aha«, antwortet er, »ja, nun ist das Rätsel gelöst. Daß dergleichen beruhigend wirkt, leugne ich nicht, wohl aber, daß es Christentum ist.«

Die Absonderung

Daß sich das Christentum bedingungslos zur Absonderung bekennt (des Einzelnen), sieht man daraus, daß die Voraussetzung des Christentums stets das Sündenbewußtsein ist, daß es mit der Verkündigung der Sündenvergebung beginnt.

Aber das Sündenbewußtsein ist das unbedingt Absondernde. Selbst die ursprünglichste Originalität ist nicht so absondernd, ist doch nur Vorwegnahme im Verhältnis zu den anderen, betrifft nicht im tiefsten Grund das Wesen der Persönlichkeit. Selbst das eigentümlichste menschliche Unglück und Leiden ist nicht so absondernd; dadurch, daß sie Menschen sind, nehmen doch die anderen daran teil, und es endet ja mit dem Tode, betrifft nicht im tiefsten Grund das Wesen der Persönlichkeit.

Nur die Sünde ist das unbedingt Absondernde. Meine Sünde betrifft keinen einzigen Menschen außer mir und betrifft meine Persönlichkeit im tiefsten Grund.

Dergestalt sieht man, was für ein Unsinn es ist mit Völkern und Staaten und Ländern und Abstraktionen, die Christen sind, ebenso mit Kleinkindern, die Christen sind. Man hat dasjenige zum Christsein gemacht, dasjenige, wo von der Bedingung *sine qua non* des Christentums nicht einmal die Rede sein kann: von der Absonderung, dem Einzelnen.

»Wir alle sind Christen«

Daß wir alle Christen sind, ist etwas so allgemein Angenommenes und Bekanntes, daß dafür kein Beweis nötig ist, vielmehr dürfte dieser Satz auf dem besten Wege sein, sich von einer historischen Wahrheit zu einem Axiom hinaufzudienen, einer der ewigen Grundbestimmungen, mit denen jetzt ein Kind geboren wird, so daß man sagen muß, es sei durch das Christentum der Mensch dergestalt verändert worden, daß in der »Christenheit« ein Kind mit einer Grundbestimmung mehr geboren wird als der Mensch außerhalb der Christenheit, nämlich mit der, daß wir alle Christen sind. Mittlerweile kann es ja gar nicht schaden, daß man sich wieder und wieder deutlich macht, in welchem Maße es sicher und wahr ist, daß wir alle Christen sind.

Hier mein Versuch; und ich schmeichle mir, mit ihm wirklich klarzumachen, in welchem Maße es wahr ist, daß wir alle Christen sind. Wir sind das in solchem Maße, daß folgendes gilt: Falls unter uns ein Mensch lebte, ein Freidenker, der mit den stärksten Ausdrücken das ganze Christentum für Lüge erklärte, der ebenso mit den stärksten Ausdrücken erklärte, er selbst sei kein Christ, so hilft ihm das nichts, er ist ein Christ; er kann nach dem Gesetz bestraft werden, das ist etwas anderes, aber ein Christ ist er. »Was für ein Unsinn«, sagt der Staat, »wohin würde das führen; wenn wir erst zuließen, daß einer erklärte, er sei kein Christ, so möchte das wohl bald damit enden, daß sie alle ihr Christsein ableugneten. Nein nein, man widerstehe den Anfängen (*principiis obsta*) und stehe fest auf seinen Grundsätzen. Wir haben nun die Statistiken in Ordnung, alles ist eingetragen, alles hat seine Richtigkeit, immer unter der Voraussetzung, daß wir alle Christen sind – also, er ist auch ein Christ; solchem Dünkel, der sich nur hervortun will, darf man nicht nachgeben, er ist ein Christ, und dabei bleibt es.«

Stirbt er – und hinterläßt er dann so viel, daß der Gottesmann, nämlich der Pfarrer, ebenso der Leichenbitter, und noch verschiedene andere jeder sein Teil bekommen kann, so helfen ihm all seine Proteste nichts, er ist, er bleibt ein Christ und wird begraben als ein Christ: In solchem Maße ist es sicher, daß wir alle Christen sind. Hinterläßt er nichts (denn wenig, das würde nichts helfen; der Pfarrer, der von christlicher Genügsamkeit ist, begnügt sich immer mit Wenigem, wo nicht mehr zu holen ist), hinterläßt er buchstäblich nichts – das würde dann der einzige Fall sein, wo man vielleicht auf seine Proteste Rücksicht nehmen würde, da er ja nicht nur tot, sondern auch verhindert ist, durch Handarbeit die Unkosten beim christlichen Begräbnis zu begleichen: In solchem Maße ist es sicher, daß wir alle Christen sind. Fest steht es in der »Christenheit«, fest wie der Satz vom Widerspruch außerhalb der Christenheit, fest steht er, dieser ewige Grundsatz, welchen kein Zweifel erschüttern kann, nämlich: Wir alle sind Christen.

* * *

Oft genug hat man gesagt, wofern Christus jetzt wiederkomme, so werde man ihn wieder totschlagen. Das ist völlig wahr, aber näher bestimmt müßte man wohl hinzufügen, er werde zum Tode verurteilt und getötet werden – weil das, was er verkündigte, *nicht Christentum* sei, sondern eine wahnwitzige, gottlose, gotteslästerliche, menschenfeindliche Übertreibung und Karikatur jener milden Lehre »Christentum«, des wahren Christentums, das sich in der Christenheit findet, und dessen Stifter Jesus Christus war.

* * *

Käme Christus jetzt zur Welt, so würde er doch vielleicht nicht getötet werden, sondern ausgelacht. Dies ist das Martyrium in der Zeit des Verstandes; in der Zeit des Gefühls und der Leidenschaft wird man getötet.

Zu deiner eigenen Verdammnis

Es gibt eine Macht, welche Erinnerung heißt; sie soll allen Guten wie auch allen Liebenden teuer sein; ja, sie soll sogar den Liebenden derart teuer sein, daß sie das Flüstern dieser Erinnerung beinahe dem wechselseitigen Anblick vorziehen, wenn sie sagen: »Weißt du noch, damals; und weißt du noch, damals!« Schau, die Erinnerung besucht auch den Wankelmütigen. Dann sagt sie zu ihm: Weißt du noch, damals ... Du wußtest gut bei dir selbst und *mit mir*, was von dir verlangt wurde, aber du wichest aus (zu deiner eigenen Verdammnis), erinnerst du dich; dadurch gewannst du damals einen großen Teil deines Vermögens (zu deiner eigenen Verdammnis), erinnerst du dich! Weißt du noch, damals? ... Du wußtest bei dir selbst und mit mir, was du wagen solltest, du wußtest auch, was für Gefahr damit verbunden war, erinnerst du dich, du wichest aus (zu deiner eigenen Verdammnis), erinnerst du dich ... doch das tust du wohl, denn den Orden auf deiner Brust trägst du ja zur Erinnerung daran, daß du gewichen bist zu deiner eigenen Verdammnis! Weißt du noch, damals ... Du wußtest sehr gut bei dir selbst und mit meiner einsamen Stimme in deinem Innern, was du wählen solltest, aber du wichest aus (zu deiner eigenen Verdammnis), erinnerst du dich, das war damals, als die Volksgunst und der Jubel der Menge dich als den Gerechten grüßten, erinnerst du dich – ja, es bleibt ja deine Sache, dich an den Jubel und die Volksgunst zu erinnern, denn in der Ewigkeit weiß man dergleichen nicht, aber in der Ewigkeit ist nicht vergessen, daß du gewichen bist! – Oh, was hülfe es doch dem Menschen, wenn er die ganze Welt gewönne, verlöre aber sich selbst; was hülfe es ihm, die Zeit zu gewinnen, und was der Zeit gehört, wenn er mit dem Ewigen bräche; was hülfe es ihm, unter vollen Segeln mit der Brise des Jubels und der Bewunderung *durch die Welt zu kommen*, wenn er an der Ewigkeit strandet; was hilft es, daß der Kranke sich einbildet, was alle Menschen glauben: er sei gesund, wenn doch der Arzt sagt: Er ist krank!

* * *

»Gold und Silber habe ich nicht«, sagt Petrus, »was ich aber habe, das gebe ich, stehe auf und wandele«; später sagte die Geistlichkeit: »Gold und Silber haben wir – aber wir haben nichts zu geben.«

Was ich will?

Ganz einfach: Ich will Redlichkeit. Ich bin nicht, wie man wohlmeinend – denn auf die Auffassung der Erbitterung und der Wut und der Ohnmacht und des Geschwätzes kann ich keine Rücksicht nehmen – mich hat hinstellen wollen, ich bin nicht christliche Strenge gegenüber einer gegebenen christlichen Milde.

Auf keine Weise, ich bin weder Milde noch Strenge – ich bin: Menschliche Redlichkeit. Ich will, daß man die Abmilderung, die das gewöhnliche Christentum hierzulande ist, neben das Neue Testament halte, um zu erfahren, wie diese beiden sich zueinander verhalten.

Zeigt es sich dann, kann ich oder kann jemand anders zeigen, daß die Abmilderung gegenüber dem Christentum des Neuen Testaments bestehen kann, so werde ich mit der größten Freude darauf eingehen.

Eines aber will ich nicht, um keinen, keinen Preis: Ich will nicht durch Verschweigen oder durch Kunststücke den Schein hervorzubringen suchen, daß das gewöhnliche Christentum im Lande und das Christentum des Neuen Testaments einander glichen.

* * *

In bezug auf etwas, wovon man weiß, daß es Gottes Wille ist – ja, wie dürfte ein Mensch sich herausnehmen zu sagen: Ich will nicht! So haben wir Menschen denn erfunden zu sagen: Ich kann nicht. Ist das nun weniger aufrührerisch? Wenn es Gottes Wille ist, daß du sollst, wie ist es dann möglich, daß du nicht kannst? So läuft es denn doch heraus auf: Ich will nicht.

Ein christliches Komödienspiel

Das Gewissen (soweit in diesem Zusammenhang davon die Rede sein kann), das Gewissen scheint der »Christenheit« geschlagen zu haben, daß es doch gar zu toll sei, daß es doch nicht angehe mit diesem rein tierischen Unsinn: auf solche Weise Christ zu werden, daß man als Kind von einem königlichen Beamten einen Tropfen Wasser auf den Kopf bekommt und daß die Familie zu dem Anlaß eine Gesellschaft gibt, ein Gastmahl, wo man dies festliche Ereignis feiert.

Das gehe doch nicht an, hat die »Christenheit« gemeint, es müsse doch auch zum Ausdruck kommen, daß der Getaufte *persönlich das* Taufgelübde übernimmt.

Deswegen die Konfirmation, eine herrliche Erfindung, wenn man ein Doppeltes annimmt: daß der Gottesdienst darauf ausgeht, Gott zum Narren zu halten, und daß es sein hauptsächlicher Zweck ist, Anlaß zu Familienfesten zu geben, zu Gesellschaften, einem fröhlichen Abend, einem Gastmahl, das sich von anderen Gastmählern dadurch unterscheidet, daß dies – wie ausgesucht – »zugleich« religiöse Bedeutung hat.

»Der Säugling«, sagt die Christenheit, »kann ja das Taufgelübde nicht persönlich übernehmen, dazu ist eine wirkliche Persönlichkeit erforderlich.« So hat man – ist das genial oder sinnreich? – das Alter von 14 bis 15 Jahren gewählt: das Knabenalter. Diese wirkliche Persönlichkeit – da steht nichts im Wege, sie ist Manns genug, um das im Namen des Säuglings abgelegte Taufgelübde persönlich zu übernehmen.

Ein Knabe von 15 Jahren! Wofern von 10 Reichstalern die Rede wäre, würde der Vater sagen: Nein, mein Junge, das kann man dir nicht überlassen, dazu bist du zu grün hinter den Ohren.

Aber wo es um seine ewige Seligkeit geht, und wo es gilt, als wirkliche Persönlichkeit den Ernst der Persönlichkeit dem hinzuzufügen, was doch in tieferem Verstande nicht Ernst genannt werden könnte, daß nämlich ein Säugling durch ein Gelübde verpflichtet wird: da ist das Alter von 15 Jahren am passendsten.

Am passendsten, ach ja, wenn man, wie eben bemerkt, annimmt, der Zweck des Gottesdienstes sei ein doppelter, auf eine – könnte man es so nennen? – vornehme Weise Gott zum Narren zu halten, und für geschmackvolle Familienfeste den Anlaß zu geben – dann paßt es vortrefflich, wie alles bei dieser Gelegenheit, auch das hergebrachte Evangelium des Tages, welches bekanntlich folgendermaßen beginnt: »Da die Türen verschlossen waren« – und das paßt in Sonderheit auf einen Konfirmationssonntag; man hört es mit wahrer Erbauung, wenn ein Pfarrer es am Konfirmationssonntag vorliest.

Die Konfirmation, das sieht man nun leicht, ist ein viel tieferer Unsinn als die Kindtaufe, gerade weil die Konfirmation den Anspruch stellt, daß sie ergänzen solle, was bei der Kindtaufe fehlt: eine wirkliche Persönlichkeit, die bewußt ein Gelübde übernehmen kann, in dem es um die Entscheidung einer ewigen Seligkeit geht. Hingegen ist dieser Unsinn in einem anderen Sinne recht schlau, er dient der Selbstsucht der Pfarrerschaft, welche sehr gut versteht: Wenn die Entscheidung im Verhältnis zur Religion dem reifen Mannesalter vorbehalten bliebe (das einzig Christliche und das einzig Vernünftige), würden vielleicht viele so viel Charakter haben, daß sie nicht auf erheuchelte Weise Christen sein wollten. Deshalb sucht der »Pfarrer« sich der Menschen in dem zarten, dem jugendlichen Alter zu bemächtigen, damit sie dann im reiferen Alter die Schwierigkeit haben, eine »heilige« Verpflichtung brechen zu müssen, zwar eine aus dem Knabenalter, wogegen aber doch vielleicht mancher einen Aberglauben hat. Deshalb bemächtigt sich die Pfarrerschaft der zarten Jugend, des Knaben, und nimmt heilige Gelübde und dergleichen von ihm entgegen. Und was der Gottesmann, der »Pfarrer«, tut, das ist ja ein frommes Vornehmen – sonst könnte vielleicht das Beispiel des Polizeiverbots, das den Gastwirten verbietet, an Jugendliche auszuschenken, erfordern, daß ebenso ein Verbot dessen herauskäme, daß man feierliche Gelübde, in denen es um eine ewige Seligkeit geht, von – Knaben entgegennimmt, ein Verbot, um zu verhindern, daß die Pfarrer, weil sie selbst Meineidige sind, daß sie deshalb die Erlaubnis bekämen – zum Trost für sich selbst – in Richtung auf das größtmögliche *commune naufragium* (den gemeinsamen Schiffbruch) zu arbeiten, so daß die ganze Gemeinde zu Meineidigen würde; und es ist wie berechnet darauf, daß man 15jährige Knaben sich durch ein heiliges Gelübde verpflichten läßt, wobei es um die Entscheidung einer ewigen Seligkeit geht.

Ein Beispiel

Da lebt in einer Stadt ein Fremder; er besitzt nur einen, aber einen sehr großen Geldschein. Doch niemand in der Stadt kennt den Schein, so ist er für sie gleich Null, und es folgt von selbst, daß ihm keiner von ihnen etwas für den Schein geben will. Da kommt ein Mann, ein Fremder z. B., der den Schein sehr wohl kennt, eines Tages zu ihm und sagt: »Ich bin Euer Freund und will, wie es sich für einen Freund ziemt, Euch aus Eurer Verlegenheit heraushelfen, ich biete Euch« – und nun bietet er ihm den halben Wert. Schau, das ist abgefeimt! Es ist darauf berechnet, daß es aussieht wie Freundschaft und Ergebenheit, die von den Einwohnern jener Stadt bewundert und gepriesen werden muß, und zugleich heißt es, den Fremden um 50 % zu prellen. Das aber wird nicht sichtbar, die Einwohner jener Stadt können es ja nicht erkennen, hingegen sehen sie die ganz ungewöhnliche Großmut und dergleichen.

Wie im Geld-Verhältnis, so im Geist-Verhältnis. Es kann jemand in einer Mitwelt eine solche Stellung haben, daß unter den Vielen niemand eine Vorstellung davon hat, wer er ist, von seinem Wert, seiner Bedeutung. Natürlich braucht man sich nicht darüber aufzuhalten, daß die Vielen das Ganze mit ihm für Null und Nichts achten.

Da kommt zu ihm ein Mann, der seinen wirklichen Wert kennt, und sagt zu ihm: »Ich bin Euer Freund, ich will für Euch zeugen« – und dann gibt er ihm öffentlich nur die Hälfte der Anerkennung, die ihm, wie er weiß, zukommt. Das ist abgefeimt, darauf berechnet, daß man in den Augen der Mitlebenden als selten, selten aufopfernde Uneigennützigkeit erscheint, als seltener Mut und Begeisterung, welche dem Verkannten Gerechtigkeit widerfahren ließ, und doch heißt es, sich dem geringst Möglichen aussetzen, wodurch er dem Verkannten den größtmöglichen Schaden tut: Er verschafft ihm eine neue, noch größere Schwierigkeit als die, ganz und gar mißverstanden zu werden, nämlich eine halbe Anerkennung. Das aber ist nicht sichtbar; die Mitwelt kann ja nichts anderes sehen als des Abgefeimten edle, uneigennützige, mutige Begeisterung.

Wie Christus über das amtliche Christentum urteilt

Es könnte sonderbar scheinen, daß ich hiermit erst jetzt herausrücke; denn Christi Urteil ist doch wohl entscheidend, wie ungelegen es auch der geistlichen Hochstaplerzunft kommt, die sich der Firmenbezeichnung »Jesus Christus« bemächtigt und unter dem Namen des Christentums glänzende Geschäfte gemacht hat.

Indes geschieht es gewiß nicht ohne Grund, daß ich erst jetzt dies Entscheidende heranziehe; und einem, der meine ganze schriftstellerische Wirksamkeit aufmerksam verfolgt hat, wird es überhaupt nicht entgangen sein, daß eine bestimmte Methode in der Art liegt, in der ich zu Werke gehe, daß sie *einerseits* davon das Gepräge trägt, daß, wie ich sage, die ganze Sache mit der »Christenheit« ein Kriminalfall ist und dem entspricht, was man sonst unter dem Namen Fälschung, Hochstapelei kennt, nur daß es hier die Religion ist, die dergestalt benutzt wird – *andererseits* davon, daß ich wirklich, wie ich es ausdrücke, ein Polizeitalent bin.

Denk nun einmal nach, damit du dem Gang der Sache folgen kannst. Ich habe angefangen, indem ich mich als Dichter ausgab, hinterlistig darauf zielend, wie es nach meinem Dafürhalten mit dem amtlichen Christentum zusammenhing, nämlich daß der Unterschied zwischen dem Freidenker und dem amtlichen Christentum der sei, daß der Freidenker ein ehrlicher Mann ist, der offen *lehrt, das* Christentum sei Dichtung, Poesie; das amtliche Christentum Betrügerei, die feierlich versichert, das Christentum sei etwas ganz anderes, feierlich gegen den Freidenker eifert, und mit Hilfe dessen es verbirgt, daß sie selbst in Wirklichkeit das Christentum zu Poesie *macht,* Christi Nachfolge abschafft, so daß man sich nur durch die Einbildungskraft zum Vorbild verhält und selber in ganz anderen Bestimmungen lebt, was bedeutet, daß man sich dichterisch zum Christentum verhält oder es in Poesie verwandelt, die nicht mehr verpflichtet, als Poesie es tut; und schließlich ist dann das Ende, daß man das Vorbild überhaupt beiseite wirft und das, was man ist, die Mittelmäßigkeit, so etwa als das Ideal gelten läßt.

Unter dem Namen eines Dichters brachte ich dann einige Ideale ans Licht, brachte das vor – ja, das, worauf 1000 königliche Beamte durch Eid verpflichtet sind. Und diese guten Leute, die merkten gar nichts, sie waren vollkommen sicher. In dem Maße war alles christlich: Geistlosigkeit und Weltlichkeit; diese guten Leute ahnten gar nicht, daß sich hinter diesem Dichter etwas verbarg – daß die Art des Vorgehens die einer Polizeiklugheit war, um den Betreffenden sicher zu machen, wie es die Polizei anwendet, gerade um Gelegenheit zu haben zu einem desto tieferen Einblick.

So ging es denn eine Zeitlang hin. Ich stand mich sogar ganz gut mit diesen eidbefestigten Männern – und brachte in aller Stille einerseits die Ideale an und bekam andererseits Kenntnis von denen, mit welchen ich zu tun habe.

Aber schließlich wurden doch diese guten Leute ungeduldig über diesen Dichter, er wurde ihnen zu aufdringlich. Völlig sicher, wie sie waren, nahmen sie nun (man wird sich dessen wohl noch erinnern) den Mund mächtig voll: Es sei hier »ein viel zu großer Maßstab angelegt« usw. – völlig sicher.

Da verwandelte sich dieser Dichter plötzlich, er warf, wenn ich so sagen darf, die Gitarre beiseite, und – zog ein Buch hervor, welches heißt »Das Neue Testament unsers Herrn und Heilands Jesu Christi«, und mit – ja, wahrlich, mit einem Polizeiblick gab er diesen guten eidbefestigten Lehrern, den »Wahrheitszeugen«, zu verstehen: Ob es nicht dieses Buch sei, auf das sie eidlich verpflichtet seien, dieses Buch, dessen Maßstab ein gut Teil größer sei als der, den er selber gebraucht habe?

Von dem Augenblick an trat, wie man weiß, Schweigen ein. Wie rasch sie auch bei der Hand waren, wie flink beim Deklamieren, solange sie glaubten, nicht nur entwischen, sondern sich aufspielen zu können auf die Art: Was wir vor uns haben, ist ein Dichter, es ist Überspanntheit mit seinen Idealen, der Maßstab ist viel zu groß – ebenso schweigsam wurden sie von dem Augenblick an, da dieses Buch und der Eid mit ins Spiel kamen. Ganz wie es bei Polizeifällen vorkommt. Man macht zuerst den Betreffenden sicher, und wenn ein Polizeiagent im übrigen alle anderen Gaben besitzt: falls er kein Meister ist in der Kunst, sicher machen zu können, so ist er kein »ausgeprägtes Polizeitalent«. In dem Zustand dreht dann der Gegenpart das ganze Verhältnis um, er, gerade er ist der redliche Mann, und es sieht fast so aus, als sei es der Polizeiagent, der in Verlegenheit kommt. Aber wenn dann dieser, indem er (den anderen) derart in Sicherheit wiegt, erfahren hat, was er wissen möchte, so verändert er das Verfahren, geht ganz offen vor – und dann wird plötzlich der Gegenpart stumm, beißt sich auf die Zunge und denkt wohl etwa: Das wäre eine verflixte Geschichte.

Also ich zog das Neue Testament hervor, gestattete mir, ergebenst daran zu erinnern, daß diese ehrenwerten Wahrheitszeugen durch Eid auf das Neue Testament verpflichtet sind – und dann trat Schweigen ein. War das nicht seltsam?

Indes hielt ich es für das Richtigste, sie womöglich noch eine Weile im Unklaren darüber zu lassen, wie gut ich unterrichtet sei, und in welchem Maße ich das Neue Testament auf meiner Seite habe, was mir auch gelang, aber wessen mich zu rühmen mir niemals einfallen könnte.

Ich redete da in meinem eigenen Namen, freilich immer entscheidender, weil ich wohl sah, wie man es ständig geringachtete, daß ich
zuerst die Sache für den Gegenpart so günstig hinstellte, wie es mir
möglich war; und zuletzt unterfing ich mich, in meinem eigenen Namen zu sagen, daß es eine Schuld, eine schwere Schuld sei, am öffentlichen Gottesdienst teilzunehmen, wie er jetzt ist. Das geschah in
meinem eigenen Namen; nun, das versteht sich: Mir auf diese Weise
zu entwischen, daß ich ein Dichter sei, und daß man sich selbst als
Vertreter der Wahrheit aufspielt, das ließ sich nun wohl nicht mehr
machen. Aber es hat doch immer etwas Beruhigendes, daß ich in meinem Namen rede; und ich erreichte hier also wiederum, indem ich, in
Anbetracht dieses Beruhigenden, den Gegenpart ein wenig sicher machte, daß ich Gelegenheit bekam, ihn noch besser kennenzulernen: Ob
sie nämlich die Absicht hätten, sich gegen die Anklage zu verstocken;
denn freilich muß doch diesen eidbefestigten Männern das Gewissen
geschlagen haben, als sie dieses alles verändernde Wort hörten: Es sei
eine Schuld, eine schwere Schuld, am öffentlichen Gottesdienst teilzunehmen, wie er jetzt ist; denn dies sei der größtmögliche Abstand
davon, Gottesdienst zu sein.

Aber wie gesagt, das Beruhigende war, daß ich in meinem eigenen
Namen sprach. Denn wenn ich auch mit Gott gewißlich weiß, daß ich
wahr gesprochen und so gesprochen habe, wie ich sprechen sollte; und
wenn das, was ich gesagt habe, wahr ist und gesagt werden sollte, auch
falls davon kein Wort von Christus selber wäre: so ist es doch immer
gut, daß wir aus dem Neuen Testament wissen, wie Christus über das
amtliche Christentum urteilt.

Und das wissen wir aus dem Neuen Testament, sein Urteil findet
sich dort – aber das versteht sich, ich bin vollkommen überzeugt davon: Wer du auch seist, falls du nicht woandersher weißt, was Christentum ist, als aus der Sonntagspredigt der »Wahrheitszeugen«, dann
kannst du jahraus, jahrein jeden Sonntag in drei Kirchen gehen,
kannst – ganz allgemein genommen – jeden beliebigen der königlichen Beamten hören: Und du wirst niemals die Worte Christi gehört
haben, die ich jetzt im Sinn habe. Die Wahrheitszeugen denken vermutlich etwa so: Das Sprichwort sagt »Man soll im Hause des Ge-
henkten nicht vom Strick reden«, so wäre es auch Torheit, in der
Kirche die Worte aus Gottes Wort anzuführen, welche gegen das ganze Gaukelspiel des Pfarrers himmelhoch zeugen. Ja, ich könnte versucht sein, folgende Forderung aufzustellen, die, so billig und beschei-
den, dennoch die einzige Strafe ist, welche ich für die Pfarrer wün-

sche: Man zöge bestimmte Abschnitte aus dem Neuen Testament heran und verpflichtete den Pfarrer, sie vor der Gemeinde laut zu lesen. Natürlich müßte ich mir eines vorbehalten, daß es nicht, wie es Schick und Brauch ist, dabei bliebe, daß der Pfarrer, nachdem er eine solche Stelle aus dem Neuen Testament vorgelesen hat, nun das Neue Testament beiseite legte, um dann selber das Verlesene »auszulegen«: Nein, besten Dank!

Nein, was ich versucht sein könnte vorzuschlagen, ist folgender Gottesdienst: Die Gemeinde versammelt sich; an der Kirchentür wird ein Gebet gesprochen; ein Choral wird gesungen: Dann besteigt der Pfarrer die Kanzel, nimmt das Neue Testament zur Hand, nennt Gottes Namen und liest dann der Gemeinde die vorgeschriebene Stelle laut und deutlich vor – darauf hat er stille zu sein und fünf Minuten schweigend auf der Kanzel stehen zu bleiben, und dann kann er gehen.

Das würde meines Erachtens außerordentlich frommen. Den Pfarrer damit zum Erröten zu bringen, fiele mir nicht ein; einen, der mit dem Bewußtsein, daß er unter Christentum verstehen wolle, was er unter Christentum versteht, ohne Erröten hat auf das Neue Testament einen Eid ablegen können, den bringt man nicht leicht zum Erröten; und man muß wohl auch sagen, es gehöre mit dazu, um richtig amtlicher Pfarrer sein zu können, daß man sich zuallererst die jünglingshaften Kindlichkeiten der Unschuld abgewöhnt hat: nämlich zu erröten und desgleichen. Aber ich nehme an, die Gemeinde wird dahin kommen, daß sie im Namen des Pfarrers errötet.

* * *

In der prächtigen Domkirche tritt der hochwohlgeborene, hochwürdige geheime General-Oberhofprediger auf, der auserwählte Günstling der vornehmen Welt, er tritt auf vor einem auserwählten Kreis von Auserwählten, und predigt *gerührt* über den von ihm selbst ausgewählten Text: »Gott hat auserwählt das Geringe vor der Welt und das Verachtete« – und da ist niemand, der lacht.

* * *

Wenn ein Mann Zahnweh hat, sagt die Welt »armer Mann«; wenn einem Mann die Frau untreu wird, sagt die Welt »armer Mann«; wenn ein Mann in Geldschwierigkeiten ist, sagt die Welt »armer Mann«. –

Wenn es Gott gefällt, in geringer Knechtsgestalt in dieser Welt leiden zu wollen, sagt die Welt »armer Mensch«; wenn ein Apostel in göttlichem Auftrag die Ehre hat, für die Wahrheit zu leiden, sagt die Welt »armer Mensch«, arme Welt!

* * *

Was unter dem Christsein zu verstehen ist, hat Christus selbst verkündigt, wir können es ja in den Evangelien lesen. Dann verließ er die Erde, sagte aber seine Wiederkunft voraus. Und betreffs dieser seiner Wiederkunft gibt es eine Vorhersage von ihm, die so lautet: »Wenn des Menschen Sohn kommen wird, meinest du, daß er auch Glauben findet auf Erden?« Hängt es richtig zusammen mit diesen ungeheuren Bataillonen von Christen, Völkern, Reichen, Ländern, einer ganzen Welt; so muß die Wiederkunft noch lange auf sich warten lassen. Umgekehrt gesehen müßte man wohl sagen: Alles ist bereit zur Wiederkunft.

Habt Dank, ihr Samt- und Seidenpfarrer, die ihr in immer zahlreicherer Schar zu Diensten standet, als es sich zeigte, daß der Gewinn auf seiten des Christentums sei; habt Dank für euren christlichen Fleiß und Eifer mit diesen Millionen, Reichen und Ländern, einer Welt von Christen; habt Dank, das war christlicher Fleiß und Eifer! Denn, nicht wahr, wenn es so bleiben sollte, wie es ursprünglich war, daß nur einige wenige, arme, verfolgte, verhaßte Menschen Christen waren – wo wären dann Samt und Seide geblieben und die ungeheuren Einkünfte, und Ehre und Ansehen und weltlicher Genuß, verfeinert wie der keines andern Wollüstlings, verfeinert mit einem Schein von Heiligkeit, der beinahe Anbetung verlangen müßte! Abscheulich; selbst der Menschheit verderbtester Abschaum hat doch den Vorzug, daß seine Verbrechen nicht geehrt und gepriesen, ja nahezu als christliche Tugenden verehrt und angebetet werden.

Das Christentum des Neuen Testaments; das Christentum der »Christenheit«

Es war die Absicht des Christentums: alles zu verändern.

Das Ergebnis, das Christentum der »Christenheit«, ist, daß alles, unbedingt alles, geblieben ist, wie es war, nur daß alles den Namen

»christlich« angelegt hat – und so (spielt auf, ihr Musikanten!), so leben wir als Heiden, so freudenvoll, so freudenvoll, rundherum und rundherum; oder richtiger, wir leben als Heiden, raffiniert mit Hilfe der Ewigkeit und mit Hilfe dessen, daß es ja christlich ist, das Ganze! Mach einen Versuch, nimm, was du willst, und du wirst sehen, es geht auf, es ist so, wie ich sage.

War es dies, was das Christentum wollte: Keuschheit – fort mit den Freudenhäusern: so ist die Veränderung die, daß die Freudenhäuser blieben, genauso wie im Heidentum, die Verhältniszahl der Liederlichkeit blieb dieselbe, aber es wurden »christliche« Freudenhäuser.

Ein Zuhälter ist ein »christlicher« Zuhälter, er ist ein Christ, ganz wie wir anderen alle; daß man ihn von den Gnadenmitteln ausschlösse, »i, Gott bewahre«, würde der Pastor sagen, »wo sollte das hinführen, wenn wir anfingen, erst mal ein zahlendes Mitglied auszuschließen«. Er stirbt, und ganz dem entsprechend, wie er bezahlt, kriegt er eine ehrenvolle Lobrede am Grabe. Und nachdem er, christlich gesprochen, sein Geld auf so lumpige, so niedrige Art verdient hat – denn, christlich, müßte es dem Pastor lieber sein, es gestohlen zu haben –, fährt der Pastor nach Haus, er hat Eile, er muß in die Kirche, um zu deklamieren, oder, wie Bischof Martensen sagt, um zu zeugen.

War es dies, was das Christentum wollte: Redlichkeit und Ehrlichkeit, weg mit dem Betrug – die Veränderung, die es zuwegebrachte, ist folgende: Der Betrug blieb genauso wie im Heidentum. Jeder (Christ!) ist ein Dieb in seinem Gewerbe; aber der Betrug legte das Beiwort »christlich« an, er wurde ein »christlicher« Betrug – und der »Pastor« spricht den Segen über diese christliche Gemeinde, diesen christlichen Staat, wo man schwindelt wie im Heidentum, und zugleich durch Bezahlen des »Pastors«, also des größten Schwindlers, sich erschwindelt, daß dies Christentum sei. War es dies, was das Christentum wollte: Ernst ins Leben, und weg mit der Schätzung und Ehre der Eitelkeit – alles blieb, wie es war, veränderte sich nur durch Anlegen des Beiworts »christlich«: das Gebaumel der Orden, Titel, Würden usw. wurde christlich – und der Pastor (diese von allen Zweideutigkeiten unanständigste Zweideutigkeit, dieser von allen Lächerlichkeiten lächerlichste Mischmasch!), er ist herzensfroh, wenn er selbst – mit dem »Kreuz« geschmückt wird. Dem Kreuz! Ja, im Christentum der »Christenheit« ist das Kreuz so etwas geworden wie eines Kindes Steckenpferd und Trompete.

Ich brauche es!

Das Christentum bedarf zuerst und vor allem dessen, daß ich darauf aufmerksam werde, daß ich lerne, wieso ich seiner bedarf. Man stellt gewöhnlich das Christentum folgendermaßen dar. Man sagt z. B., das Christentum lehre eine Versöhnung; und nun meint man, dann würden wir Menschen schon zugreifen. Nein, nein. Zuerst muß ich vom Christentum lernen, wieso ich des Christentums bedarf. Das Christentum ist die Vorstellung Gottes von Sünde und Gerechtigkeit usw.

Dusele ich hin in meiner bloß menschlichen Vorstellung davon, was Sünde sei, und von Gottes Gerechtigkeit, wie in aller Welt sollte ich dann darauf verfallen, die Sünde sei etwas so Furchtbares, daß Christi Leiden und Tod zur Versöhnung notwendig wären.

Dies ist die unendlich tiefe Qual des Mißverständnisses in Christi Leiden. Wir Menschen leben hin in unseren eigenen Gedanken, uns dünkt, wir hätten es sehr gut, die Sünde sei nichts so Schreckliches usw.

Dann kommt Christus und will uns erlösen: er tut alles aus Liebe. Ja, aber er bringt ständig Gottes Vorstellung davon an, was Sünde sei.

Dadurch macht er, menschlich gesprochen, uns Menschen erst unglücklich – aber wenn wir uns dann von ihm haben belehren lassen, was die Sünde für ein Schrecknis sei, und was Gottes Gerechtigkeit sei – ja, dann ist er unser Erlöser.

An deinen Qualen, du mein Herr und Heiland, soll ich erst sehen und lernen, was für ein Schrecknis die Sünde ist. Wenn ich das gelernt habe, dann folgt das Nächste: wieso ich des Christentums bedarf.

Aber zuerst muß ich also vom Christentum selbst lernen, wieso ich des Christentums bedarf.

Doch selbst in geringeren menschlichen Verhältnissen zwischen Mensch und Mensch ist ja etwas Ähnliches der Fall. Ein Liebender bedarf des geliebten Menschen nicht bloß, um ihn oder sie zu lieben, sondern zuerst, um darauf aufmerksam zu werden, was Verliebtsein heiße und besonders würde dies gelten, wo der eine von den Partnern stumpfer ist.

* * *

Wenn der Katholizismus entartet, welche Form von Verderbnis wird sich dann zeigen? Die Antwort ist leicht: Scheinheiligkeit. Wenn der Protestantismus entartet, welche Form von Verderbnis wird sich dann zeigen? Die Antwort ist nicht schwierig: geistlose Weltlichkeit.

Das Verbrechen der »Christenheit« läßt sich damit vergleichen, daß man sich unberechtigterweise ein Erbe aneignen will

Ein Mann stirbt und setzt jemanden zum Erben seines ganzen Vermögens ein – aber da ist eine Vorbedingung, es wird etwas vom Erben verlangt, und das behagt dem Erben nicht. Was tut er da? Er bemächtigt sich des hinterlassenen Vermögens – denn er sei ja der Erbe, sagt er; und der Verpflichtung wünscht er ein Gottbefohlen.

Das ist, wie jeder weiß, Unredlichkeit; es ist eine Lüge, daß er ohne weiteres der Erbe des Vermögens sei, er ist es nur unter der Bedingung, daß er die Verpflichtung übernimmt, andernfalls ist er ebensowenig Erbe wie irgendein anderer Mensch.

Genauso mit der »Christenheit«. Das Christentum ist eine Gabe, wenn du so willst, nach dem Testament des Erlösers bestimmt für die Menschheit. Aber da ist eine Verpflichtung; in Hinsicht auf das Christentum ist das Verhältnis folgendes: Die Gabe und die Verpflichtung entsprechen einander aufs genaueste; im gleichen Maße, wie das Christentum Gabe ist, ist es auch Verpflichtung.

Die Gaunerei der »Christenheit« liegt nun darin, daß man die Gabe entgegennimmt – und der Verpflichtung ein Gottbefohlen wünscht, daß man Erbe der Gabe sein will, aber ohne die Verpflichtung zu übernehmen; die Gaunerei liegt darin, daß man den Schein erwecken will, die Menschheit sei ja der Erbe, den der Welterlöser selbst als Erben eingesetzt habe, während es in Wahrheit so ist, daß nur unter Wahrnehmung der Verpflichtung die Menschheit, oder richtiger (denn gerade weil da eine Verpflichtung ist, kann ein solches Abstraktum wie »Menschheit« nur höchst uneigentlich der Erbe heißen) jeder einzelne in der Menschheit, Erbe sein kann.

Doch heuchlerisch wie mit allem in der »Christenheit« hat man so getan, als ob die Christenheit ja auch daran festhalte, daß Christentum eine Verpflichtung sei – man muß sich taufen lassen. Ah! das heißt eigentlich verflixt schnell mit der Verpflichtung fertigwerden! Ein Tropfen Wasser auf den Kopf des kleinen Kindes im Namen des Dreieinigen Gottes: Das ist die Verpflichtung!

Nein, die Verpflichtung heißt: Nachfolge Jesu Christi.

Doch soll das gelten, und sollen Gabe und Verpflichtung im gleichen Verhältnis zueinander stehen, ebensoviel Verpflichtung wie Gabe, dann bedankt sich die Menschheit für das Christentum, dann bleibt nichts anderes übrig, als zur Fälschung zu greifen – und dann hast du die »Christenheit«, deren Verbrechen es ist, daß sie sich unberechtigterweise ein Erbe aneignen will.

* * *

Mit dem, was ich schreibe, greife ich nicht die Gemeinde an; sie ist irregeführt, und man kann ihr nicht verdenken – das ist menschlich –, daß sie, sich selbst überlassen und dadurch getäuscht, daß der Pastor einen Eid auf das Neue Testament geleistet hat, diese Art Gottesdienst gutheißt. Aber wehe über den Pastor, wehe über sie, diese vereidigten Lügner! Ich weiß wohl: Es haben Religionsspötter gelebt; sie hätten viel gegeben, ja, was hätten sie nicht alles gegeben, um zu vermögen, was ich vermag, aber es gelang ihnen nicht, denn Gott war nicht mit ihnen Anders bei mir; war ich ursprünglich den Pastoren so wohlgesinnt wie selten jemand, hatte ich gerade den Wunsch, ihnen zu helfen, so haben sie selbst das Widerspiel über sich gebracht. Und mit mir ist der Allmächtige; und er weiß am besten, wie zugeschlagen werden soll, damit man spürt, daß das Gelächter, gebraucht in Furcht und Zittern, die Geißel sein muß – dazu werde ich benutzt.

»JESUS CHRISTUS«

Was die *Philosophen* von Christi Tod und Aufopferung sagen, ist der Beachtung und Überlegung nicht wert. Denn die Philosophen wissen in dieser Hinsicht nicht, worüber sie reden – das weiß ich; sie tun, was sie nicht wissen, und wissen nicht, was sie tun.

– *Gebet* –

Jesu, mahne unsre Herzen
An Dein Leiden, Deine Not,
Deiner Seele tiefe Schmerzen ...

Ja, Du unser Herr und Heiland, noch nicht einmal hierbei dürfen wir uns unserer eigenen Kraft getrösten, so als ob wir es aus uns selber vermöchten, dies Dein Gedächtnis tief genug in uns wachzurufen oder stetig festzuhalten, wir, die wir so weitaus lieber bei dem Frohmachenden verweilen denn bei dem Betrübenden, wir, die wir allesamt guter Tage begehren, des Friedens und der Sicherheit glücklicher Zeiten, wir, die wir so sehnlich wünschen in tieferem Sinne unwissend zu bleiben von den Schrecknissen, auf daß sie nicht, wie wir törlich meinen, unser glückliches Leben düster und ernst machen oder unser unglücklich scheinendes Leben doch gleichwohl allzu düster und ernst. Darum bitten wir Dich, Dich, dessen wir doch gedenken wollen, wir bitten Dich, Du mögest selbst uns mahnen. Oh, welch eine wunderliche Sprache spricht doch ein Mensch, wenn er reden soll mit Dir; sie ist ja wie unbrauchbar geworden, wenn sie unser Verhältnis zu Dir bezeichnen soll oder Deines zu uns. Ist denn auch das ein Gedenken, wenn der, dessen man gedenken soll, selber den mahnen muß, der sich erinnert? So wie wir zu Dir spricht unter Menschen allein der hochstehende Mächtige, der da an so vieles und so Wichtiges zu denken hat, er spricht zu dem Niedrigstehenden: »Du mußt mich selber mahnen, daß ich mich deiner erinnere.« Ach, und eben dies sagen wir nun zu Dir, der Du der Welt Heiland und Erlöser bist; ach, und eben dies ist, wenn zu Dir wir es sagen, gerade der Ausdruck dafür, wie gering wir sind, wie wir ein Nichts sind in Vergleich mit Dir, der Du bei Gott erhöhet bist über alle Himmel: wir bitten Dich, Du mögest selbst uns mahnen an Dein Leiden und Deinen Tod, mögest stets uns mahnen, bei unsrer Arbeit in unsrer Freude und in unsrem Leid, mahnen an die Nacht, da Du verraten wardst! Amen.

... der Herr Jesus, in der Nacht, da er verraten ward

1. Kor. 11,23

In der Nacht, da Er verraten ward. So war es denn nunmehr, menschlich gesprochen, mit Ihm rückwärts gegangen. Er, den da einstens das Volk zum König hatte ausrufen wollen; Er, an den dann doch später die Hohenpriester nicht Hand zu legen wagten, weil alles Volk an Ihm hing; Er, der da durch seine machtvollen Taten die zahlreiche Schar um sich gesammelt hatte; Er, vor dessen Vollmacht zu lehren alle sich gebeugt hatten, die Pharisäer trotzig und gezwungen, das Volk froh und erwartungsvoll: Er ist nun wie ausgestoßen aus der Welt, Er sitzt abseits in einem Gemach mit den Zwölfen. Doch das Los ist geworfen, Sein Schicksal ist entschieden, in des Vaters und der Hohenpriester Rat. Wenn Er sich vom Tische erhebt, um hinauszuschreiten in die Nacht, da geht Er auch seinem Tode entgegen, da nimmt das grauenvolle Schauspiel seinen Anfang, zu dem alles in Bereitschaft ist, da wird Er noch einmal im grauenvollen Spiegelbilde das Vergangene durchleben, auf schreckliche Weise gewissermaßen mit dem Anfang enden: Er wird als König gegrüßt werden, jedoch vom Spott; Er wird wirklich den Purpur tragen, jedoch als Verhöhnter; Er wird das Volk noch zahlreicher um sich scharen, die Hohenpriester jedoch werden sich nicht mehr fürchten, Hand an Ihn zu legen, eher wohl genötigt sein, des Volkes Hand zurückzuhalten, damit es doch das Aussehen gewinne, daß Er zum Tode – verurteilt wird; es war ja auch ein Gerichtsverfahren, Er wurde ja gefangen, »wie man einen Mörder greift«, und »gekreuzigt wie ein Übeltäter«. So ist denn Sein Leben ein Niedergang gewesen statt ein Aufgang, das Umgekehrte von dem, was der menschliche Sinn von Natur denkt und begehrt. Denn weltlich steigt ein Mensch von Stufe zu Stufe an Ehre, Ansehen und Macht, immer mehr Menschen geben seiner Sache Beifall, bis daß er, der da stets in der Mehrheit gewesen, zuletzt von allen bewundert, auf der obersten Stufe steht. Er jedoch ist umgekehrt von Stufe zu Stufe niedergestiegen und dennoch ist Er gestiegen (denn auf solche Art muß die Wahrheit in der Welt leiden – oder ausgezeichnet werden), so wahr Er die Wahrheit gewesen. Im ersten Augenblick schien die Wahrheit allen zu gefallen; je deutlicher sie aber allmählich geworden, je bestimmter und klarer, je entschiedener, je mehr die Verkleidungen der Sinnestäuschungen abgefallen sind, um so mehr Menschen sind da auch fort und fort abgefallen – zuletzt steht Er einsam da. Selbst dann aber bleibt Er noch nicht stehen; jetzt steigt Er von Stufe zu Stufe durch alle Auszeichnungen der Erniedrigung, bis daß Er endlich gekreuzigt wird.

Endlich, doch stand das Letzte nicht sonderlich lange an; denn von dem Augenblick an, da das grauenvolle Schauspiel seinen Anfang genommen in der Nacht, da Er verraten ward, ist die Entscheidung am Werke mit der Hast des Plötzlichen, so wie wenn ein Unwetter im Nu Himmel und Erde verdunkelt. Diese Nacht ist die Grenze – und dann, welch eine Veränderung! Dennoch ist in gewissem Sinne alles noch ebenso. Der Ort ist der gleiche, es sind die gleichen Hohenpriester, der gleiche Landpfleger, das Volk ist das gleiche – ja, und auch Er ist der Gleiche: als man Ihn einstens zum König ausrufen wollte, floh Er, und als man mit Waffen kommt, Ihn zu greifen, geht Er der Wache *entgegen* und spricht: »Wen sucht ihr?« Er hat wohl einstens Judas mit einem Kuß als Apostel gegrüßt, Er weigert Judas auch nicht den Kuß, von dem Er doch weiß, daß Judas Ihn damit verraten will – ist Er also nicht der Gleiche? Oh, mein Zuhörer, ein Mensch hat wohl unterweilen einen Tag oder eine Nacht, die er fortwünschen möchte aus seinem Leben; diese Nacht aber müßte das Menschengeschlecht wohl fortwünschen aus seiner Geschichte! Denn ist die Mitternachtsstunde dunkel gewesen, in der Er geboren wurde, die Nacht, da er verraten wurde, war doch noch dunkler! Das Menschengeschlecht müßte diese Nacht fortwünschen aus seiner Geschichte; ja, und jeder einzelne müßte sie fortwünschen aus der Geschichte des Geschlechts; denn dies ist ja kein vollendetes und längst vergangenes Ereignis, des Leidens Christi sollen und dürfen wir ja nicht gedenken, wie wir des jener Herrlichen gedenken, welche den unschuldigen Tod gelitten, von dem wir sagen: »Es ist nun längst vorüber« Sein unschuldiger Opfergang ist noch nicht vorüber, ob auch der Kelch des Leidens geleert ist, ist nicht ein Vergangenes, obwohl es vorüber ist; ist nicht ein vollständig Vergangenes, obwohl es achtzehnhundert Jahre her ist, ist es noch nicht geworden, sogar wenn seitdem achtzehntausend Jahre vergangen. Er ist ja keines natürlichen Todes auf dem Krankenbett gestorben – auch ist Er nicht durch Unfall ums Leben gekommen; auch haben nicht bloß ein paar einzelne Ihn überfallen und totgeschlagen; auch ist es nicht bloß jene Generation gewesen, die Ihn gekreuzigt: Es ist »*das Menschengeschlecht*« gewesen, und zu diesem gehören wohl doch auch wir, wenn anders wir Menschen sind; und so sind wir denn doch wohl gegenwärtig beteiligt, wenn anders wir Menschen sind. Wir dürften somit denn nicht unsere Hände waschen – wir könnten dies wenigstens nicht anders tun, als Pilatus es gekonnt; wir sind mithin nicht Zuschauer und Betrachter bei einem vergangenen Ereignis, wir sind ja Mitschuldige bei etwas Gegenwärtigem. Wir sind darum nicht so vermessen, uns einzubilden, daß da nach Art der Dichter von uns Mitleid gefordert werde: nein, Sein Blut wird auch von uns gefordert, die wir mit zum Menschengeschlecht gehören. Oh, sogar der Ihm Nachfolgende, der Ihm am ähnlichsten wäre, der nicht etwa, wie der Aberglaube, danach trachtete, seine Wundmale am Leibe zu tragen, sondern dessen Leben ebenfalls Niedergang statt Aufgang gewesen ist, der da ebenfalls, der christlichen Rangordnung gemäß, von Stufe zu Stufe niedergestiegen, verlacht, verhöhnt, verfolgt, gekreuzigt worden ist: sogar er, wenn er jener Nacht gedenkt, und sie ihm in Gedanken so recht gegenwärtig ist, sogar er ist in ihr zugegen als Mitschuldiger! Und wenn die Gemeinde jedesmal, wenn diese Worte ertönen: »unser Herr Jesus Christus in der Nacht, da Er verraten ward«, sich angstvoll, aber innig um Ihn schließt, wie um den Verrat abzuwehren, wie um Ihm Treue zu geloben, sogar, wo alle anderen Ihn verließen: Es darf doch niemand vergessen, daß er in jener Nacht mit dabei war als Mitschuldiger, niemand darf doch jenes traurige Vorbild vergessen, dem er ansonst doch wohl schwerlich gleicht, den Apostel Petrus. Ach, wir Menschen, sogar, wenn wir aus der Wahrheit sind: an der Seite der »*Wahrheit*«, wenn wir Seite an Seite mit dem Menschen gehen sollen, der da »die Wahrheit« ist, wenn »die Wahrheit« der Maßstab ist, ja, da gleichen wir dennoch Kindern an der Seite eines Recken, da werden wir dennoch im Augenblick der Entscheidung – mitschuldig.

In der Nacht, da Er verraten wurde. Welches Verbrechen hat denn wohl mehr Ähnlichkeit mit der Nacht als ein Verrat, und welches Verbrechen gleicht weniger der Liebe als ein Verrat, ach, und am wenigsten, wenn es geschieht mit einem Kuß! Indes, freilich ist Judas der Verräter, im Grunde jedoch sind sie alle Verräter, nur tut Judas es als Einziger um des Geldes willen. Judas verrät Ihn an die Hohenpriester, und die Hohenpriester verraten Ihn an das Volk, und das Volk an Pilatus, und Pilatus verrät Ihn an den Tod aus Furcht vor dem Kaiser, und das Gleiche tun aus Menschenfurcht die Jünger, die in der Nacht fliehen, und Petrus, der Ihn im Vorhof verleugnet. Der war der letzte, aber wenn der letzte Funke verlischt, – so ist alles Finsternis. Es gibt im ganzen Geschlecht nicht einen Menschen, nicht einen einzigen, der mit Ihm zu tun haben will – und Er ist *die Wahrheit!* *Oh*, und wo du etwa meinst, so etwas hättest du doch nie getan, du hättest nie Hand an Ihn gelegt oder an der Verhöhnung teilgenommen, – aber Ihn verraten, das hättest du dennoch getan; du wärest geflohen oder wärest klüglich zu Hause geblieben, hättest dich aus dem Spiel gehalten, dir von deinem Diener melden lassen, was da zugange sei. Aber ach, Verrat ist der schmerzhafteste Stoß, den du der Liebe beibringen kannst; aus keinem, auch nicht dem quälendsten leiblichen Leiden kommt der Liebe solches Weh wie seelisch aus dem Verratensein, denn nichts ist der Liebe so selig wie Treue!

Daß dies geschehen ist, das ist genug für mich, um nimmermehr so froh zu werden, wie der natürliche Mensch leichtsinnig und weltlich es ist, wie der Jüngling in Unerfahrenheit es ist, wie das Kind in Unschuld es ist. Ich habe es nicht nötig, noch mehr zu sehen, wenn anders etwas noch Furchtbareres in der Welt geschehen sein sollte, etwas, das noch schrecklicher sein kann für das Herz; denn etwas, das die Sinne noch mehr erschrecken könnte, mag es wohl geben. Es ist auch nicht nötig, daß mir etwas Schreckliches widerfahre – für mich ist dies eine genug: ich habe »*die Liebe*« verraten gesehn, und ich habe etwas über mich selbst verstanden, daß nämlich auch ich ein Mensch bin, und daß Mensch sein heißt, ein sündiger Mensch sein. Ich bin deshalb nicht Menschenfeind geworden, geschweige, daß ich andre Menschen hassen sollte; aber niemals vergesse ich diesen Anblick, und auch nicht, was ich über mich selbst verstanden. Den das Menschengeschlecht gekreuzigt, er ist der Erlöser gewesen; eben deshalb spüre ich als einer, der zum Menschengeschlecht gehört, daß ich eines Erlösers bedarf. Niemals ist das Bedürfnis nach einem Erlöser klarer gewesen, denn da das Geschlecht den Erlöser gekreuzigt. Ich traue von diesem Augenblick an mir selbst nicht mehr, ich will mich auch nicht täuschen lassen, als ob ich besser wäre, weil ich nicht versucht worden bin wie jene mit Ihm Gleichzeitigen. Nein, als einer, dem vor sich selbst bange geworden, will ich meine Zuflucht suchen bei Ihm, dem Gekreuzigten. Ihn will ich bitten, Er möge mich erretten vom Bösen und erretten vor mir selbst. Daß ich Ihn nicht verraten werde, das weiß ich nur als ein von Ihm Erlöster, nur bei Ihm, wenn Er mich festhält. Die Angst, die mich von Ihm fortscheuchen möchte, die Angst, daß auch ich Ihn verraten könnte, eben sie wird mich eng knüpfen an Ihn; da darf ich denn hoffen, daß ich mich an Ihm festhalten werde –

wie sollte ich das nicht hoffen dürfen, wenn eben das, was mich fort-scheuchen möchte, mich an Ihn bindet! Ich will nicht und kann nicht (denn Er zieht mich unwiderstehlich), ich will nicht mit dieser Angst vor mir selbst mich in mir verschließen, ohne mich Ihm anzuvertrau-en; ich will nicht mich in mir verschließen mit dieser Angst oder mit diesem Schuldbewußtsein, daß auch ich Ihn verraten: Ich will lieber als ein von der Schuld Erlöster Ihm gehören. Oh, als Er in Judäa um-herwanderte, bewegte Er viele mit seinen wohltätigen Wunderwerken; aber als ans Kreuz Genagelter vollbringt Er ein noch größeres Wunder, das Wunder der Liebe, daß Er, ohne etwas zu tun – als ein Leidender einen jeden bewegt, der da ein Herz hat!

Mich verlangt nach der Gemeinschaft mit Ihm
Lukas 22,15

Da ist doch allein ein Freund, allein ein allgetreuer Freund im Him-mel und auf Erden, unser Herr Jesus Christus. Ach, und wie viele Worte muß ein Mensch nicht machen, und wie viele Gänge muß er nicht tun, um einen anderen dahin zu bringen, daß er ihm einen Dienst erweise – und falls dieser andere ihm diesen Dienst auch nur mit eini-ger Aufopferung erweist, wie fest wird da einer, welcher die Menschen kennengelernt und weiß, wie selten dort ein Dienst erwiesen wird, wo Vergeltung nicht gegeben werden kann, an seinem Wohltäter hangen! Doch Er, Er ist auch für mich, ja für mich (denn daß er das Gleiche für alle andern getan, wird meine Dankbarkeit doch wohl nicht mindern, die doch auf das geht, was für mich Er tat), Er ist für mich in den Tod gegangen: Wie sollte mich da nicht verlangen nach der Gemeinschaft mit Ihm? Noch niemals hat doch ein Freund mehr zu sein vermocht als getreu *bis* in den Tod, Er aber ist gerade *im* Tode treu geworden – Sein Tod war ja meine Erlösung. Und mehr vermag doch kein Freund zu tun als höchstens, daß er durch seinen Tod einem anderen das Le-ben *rettet*; Er aber, Er hat mir durch Seinen Tod das Leben *gegeben*; ich, ich war tot, und Sein Tod gab mir das Leben.

Indes, die Sünde ist der Leute und ist eines jeden Menschen Verder-ben; wie würde ich da ernsthaft über das Leben denken, ohne recht zu bedenken, was das Christentum mich lehrt, daß die Welt im Argen liegt? Und mag nun auch mein Leben anher so still, so friedlich hinge-gangen sein, so unberührt von den Angriffen und Nachstellungen der argen Welt, und mag es mir auch scheinen, daß die wenigen Menschen, die ich kennengelernt, doch allesamt gut und liebevoll und wohlwollend sind, so will ich doch bedenken, dies werde wohl daran liegen, daß weder sie noch ich in solche Entscheidungen der geistigen Lebensgefahr geführt worden sind, in denen die Größe der Ereignisse es nach einem außerordentlichen Maßstabe so recht an den Tag bringt, was da an Gutem oder Bösem in einem Menschen wohnt. Dergestalt muß es sich wohl verhalten, und darum wird es nötig sein, daß die Offenbarung lehrt, was der Mensch auch aus sich selber nicht wissen kann, nämlich, wie tief die Menschheit gesunken ist.

So will ich mich denn erinnern an all das Abscheuliche, welches der Mensch dem Menschen angetan, der Feind dem Feinde und ach, dem Freunde der Freund; an Mord und Gewalttat und Blutdurst und tierische Grausamkeit, an all das unschuldig und doch so grausam vergossene Blut, welches gen Himmel schreit, an List und Tücke und Trug und Treulosigkeit, an alle jene unschuldig und doch schrecklich gleichsam Erstickten, deren Blut freilich nicht vergossen wurde, obwohl sie zu Tode kamen. Ich will vor allem daran mich erinnern, wie es dem Heiligen ergangen, da Er hier auf Erden wandelte, welches Widersprechen von den Sündern Er erduldet, wie sein ganzes Leben nichts denn Seelenleiden gewesen vermöge der Zugehörigkeit zu dem gefallenen Geschlecht, welches Er erlösen wollte und welches die Erlösung nicht wollte, also daß kein Lebendiger, der grausam mit einem Toten zusammengebunden wäre, qualvoller leiden könnte, als Er seelisch gelitten vermöge seiner Einreihung als Mensch in das Geschlecht. Ich will bedenken, wie Er verhöhnt wurde, und wie einem jeden zugejubelt wurde, wenn er es vermochte, eine neue Verhöhnung zu ersinnen, wie da nicht im mindesten mehr davon geredet oder auch nur daran gedacht wurde, daß Er unschuldig sei, daß Er der Heilige sei, und wie das einzige mildernde Wort, das gesprochen wurde, das mitleidsvolle: »Seht, welch ein Mensch!« gewesen ist!

Gesetzt, ich hätte gleichzeitig gelebt mit dem grauenvollen Auftritt, gesetzt, ich wäre zugegen gewesen in der »Menge«, die Ihn verhöhnte und auf Ihn spie! Gesetzt, ich wäre zugegen gewesen in der Menge – denn das darf ich mir wohl nicht zutrauen, daß ich unter einer ganzen Generation einer von Zwölf gewesen wäre – gesetzt, ich wäre zugegen gewesen! Nun, das kann ich von mir doch auch nicht glauben, daß ich deshalb zugegen gewesen wäre, um an der Verhöhnung teilzunehmen. Doch gesetzt nun, die Umstehenden wären aufmerksam geworden auf mich und darauf, daß ich mich nicht beteiligte – ich sehe bereits diese wilden Blicke, sehe den Angriff einen Augenblick wider mich sich keh-ren, ich höre schon den Schrei:»Auch er ist ein Galiläer, ein Anhänger, schlagt ihn tot oder laßt ihn teilnehmen an der Verhöhnung, an der Sache des Volks!« Barmherziger Gott! Ach, wie viele gibt es wohl in jeder Generation, welche den Mut haben, eine Überzeugung zu beken-nen, wenn es die Gefahr gilt, verhöhnt zu werden, wenn es geht um Leben und Tod, und wenn zudem die gefahrvolle Entscheidung einem so unerwartet erschreckend über den Kopf kommt! Und ich, der ich doch kein Gläubiger, kein Anhänger wäre, woher sollte ich denn Kraft zum Wagnis empfangen, oder wie sollte es möglich sein, daß ich in diesem Augenblick ein Gläubiger würde, so daß die gefahrvolle Ent-scheidung mir, wenn auch auf andere Art, ebenso wunderbar hülfe, wie sie dem Schächer am Kreuz geholfen; und wo ich nicht eine solche Wandlung erführe, woher sollte ich den Mut empfangen, solches für einen zu wagen, der für mich doch ein Fremder wäre? Barmherziger Gott, so hätte ich doch wohl an der Verhöhnung teilgenommen – um mein Leben zu retten; oh, ich hätte mitgeschrien:»Sein Blut komme über mich« – um mein Leben zu retten; ja, es ist wahr, es wäre gesche-hen, um mein Leben zu retten.

Oh, ich weiß sehr wohl, der Pastor spricht anders; wenn er spricht, so schildert er die grauenhafte Verblendung jener Gleichzeitigen – wir aber, die wir bei seiner Predigt zugegen sind, wir sind solche Leute nicht. Vielleicht getraut es der Pastor sich nicht, hart mit uns zu spre-chen – ja, und wenn ich der Pastor wäre, ich spräche auch nicht an-ders, ich wagte es nicht, zu irgend einem anderen Menschen zu sagen, daß er derart gehandelt hätte; es gibt Dinge, welche ein Mensch dem anderen nicht sagen darf. Aber zu mir selbst darf ich es schon sagen und muß ich es leider sagen: Mir wäre es nicht besser ergangen als der Menge der Menschen!

So also hast du mit dir selbst gesprochen. Und je mehr du dich diesen Gedanken hingegeben, um so mehr hat in dir das Verlangen gesiegt nach der Gemeinschaft mit Ihm, dem Heiligen, und du sprachst zu dir selbst: Mich verlangt herzlich nach diesem Mahl; abseits dieser Welt des Argen, in welcher die Sünde die Herrschaft übt, will es mich verlangen nach der Gemeinschaft mit Ihm! Abseits von ihr; indes – so leicht geht das doch nicht. Ich kann mich fort wünschen aus der Eitel-keit und Verweslichkeit der Welt; und vermag ein Wunsch das auch nicht, so vermag es doch das herzliche Verlangen nach dem Ewigen, mich fort von ihr zu führen; denn in dem Verlangen selber *ist* das Ewige, ebenso wie Gott *ist* in dem Leid, das *nach* ihm verlangt. Jedoch die Sünde hat eine eigene Macht, dagegen zu halten, sie hat ein Guthaber einzufordern, eine Schuld, die sie vom Sünder bezahlt haben will, ehe sie ihn losläßt. Und die Sünde weiß auf ihrem Recht zu bestehen, sie läßt sich wahrlich nicht täuschen mit leeren Worten, auch nicht, wenn die Menschen das Wort »Sünde« ganz abschafften und statt dessen von Schwachheit sprächen, auch nicht, wenn es sogar nach dem strengsten Sprachgebrauch Schwachheit wäre, deren ein Mensch sich schuldig gemacht. Aber darum verlangt es mich nur um so herzlicher danach, meine Gemeinschaft mit Ihm zu erneuern, welcher auch für meine Sünde genug getan, für jede, auch die geringste wirkliche Sünde von mir, genug getan, aber auch für jene Sünde, die vielleicht am tiefsten in meiner Seele lauert, ohne daß ich mir dessen bewußt wäre, und die am Ende doch hervorbräche, wenn ich in die furchtbarste Entscheidung geführt würde. Denn sind etwa jene Juden größere Verbrecher gewesen denn andere Menschen? O nein, aber daß sie mit dem Heiligen gleichzeitig gewesen, das hat ihr Verbrechen so unendlich viel schrecklicher werden lassen.

Mich verlangt herzlich nach diesem Mahl, nach diesem Mahl, welches zu seinem Gedächtnis ist. Wenn dann aber jemand so mit herzlichem Verlangen am Abendmahl teilgenommen, ist alsdann das Verlangen gestillt, soll alsdann das Verlangen hinschwinden, während er vom Altare geht? Sieh, wenn du einen lieben Verstorbenen hast, so wird es dir wohl auch widerfahren, daß je und dann das Verlangen in dir erwacht, seiner zu gedenken. So gehst du denn wohl zu seinem Grabe; und gleich wie er gesenkt ist in der Erde Schoß, so senkst du deine Seele ein in die Erinnerung an ihn. Dadurch wird das Verlangen gleichsam gestillt. Das Leben übt wiederum seine Macht über dich und ob du gleich getreulich fortfährst, des Verstorbenen zu gedenken und es dich des öfteren nach ihm verlangt, so kann doch nicht das die Meinung sein, daß du dich mehr und mehr aus dem Leben herausleben solltest, um dich hineinzuleben in das Grab zu dem Toten, also daß das Verlangen nach ihm zunähme mit jedem Male, da du sein Grab besuchst. Du gibst gewiß selber zu: falls einem Menschen dies widerführe, so wäre da doch, wie sehr wir seine Treue gegen den Verstorbenen auch ehren mögen, in seiner Trauer etwas Krankhaftes. Nein, du verstehst: eure Wege sind wesentlich geschieden, du gehörst dem Leben und den Ansprüchen, die das Leben an dich stellt; du verstehst: mit den Jahren zunehmen darf das Verlangen doch nicht, so daß du etwa mehr und mehr ein Mitbegrabener würdest.

Indes, das Verlangen nach der Gemeinschaft mit Ihm, deinem Heiland und Versöhner, es soll ja gerade zunehmen mit jedem Male, daß du Seiner gedenkst. Er ist auch nicht ein Verstorbener, sondern ein Lebendiger, ja, du sollst dich doch recht in Ihn hinein, mit Ihm zusammen leben. Er soll doch dein Leben sein, dein Leben werden, so daß du nicht mehr dir selber lebst, nicht mehr selber lebst, sondern Christus in dir. Und gleich wie darum das herzliche Verlangen mit dazu gehört, daß man Seiner würdiglich gedenke, ebenso gehört es wiederum zum herzlichen Verlangen, daß das Verlangen mit dem Gedenken wachse, und so geht denn nur der würdig zum Altar, welcher herzugeht mit herzlichem Verlangen und fort von ihm geht mit vermehrtem herzlichem Verlangen.

»Himmelfahrt«
– Gebet –

Herr Jesus Christus, Du hast Dein Geschick voraus gewußt und hast Dich dennoch nicht zurückgezogen; Du hast dann Dich gebären lassen in Armut und Niedrigkeit, hast danach in Armut und Niedrigkeit der Welt Sünde getragen, ein Leidender, bis daß Du, gehaßt, verlassen, verspottet, bespien, endlich sogar verlassen von Gott, Dein Haupt neigtest in den schmählichen Tod: Oh, Du hast es Doch wiederum erhoben, Du ewiger Siegesheld; freilich, Du hast nicht gesiegt über Deine Feinde im Leben, aber im Tode hast Du gesiegt sogar über den Tod; Du hast, siegreich für ewig, wiederum Dein Haupt erhoben; in Deiner Himmelfahrt! Oh, daß wir Dir nachfolgen möchten! Amen.

Er fuhr gen Himmel – dergestalt hat nie jemand gesiegt!
    Eine Wolke nahm ihn hinweg vor ihren Augen – dergestalt ist nie ein Triumphator aufgehoben worden von der Erde!
    Sie sahen ihn nicht mehr – dergestalt ist sonst nie für jemand der Triumph das Letzte gewesen!
    Er sitzt zur Rechten der Kraft. Der Triumph endigt also nicht mit der Himmelfahrt? Nein, er hebt mit ihr an – dergestalt hat nie jemand triumphiert!
    Er kommt wieder mit den himmlischen Heerscharen: Der Triumph endigt also nicht damit, daß er den Platz eingenommen zur Rechten der Kraft? Nein, dies ist lediglich das Ende seines Anhebens – oh ewiger Siegesheld!

Mein Zuhörer, welchen Weg gehst du im Leben? Denke an das, was ich mir selbst sage: Nicht von jedem schmalen Weg gilt es, daß Christus der Weg ist, auch nicht, daß er himmelwärts führt.

Ein frommer Mann hat gesagt, es koste den Menschen ebenso viel oder noch mehr Beschwerlichkeit, zur Hölle zu fahren, als in den Himmel zu kommen. Es ist mithin ein schmaler Weg, der der Verdammnis; aber Christus ist der Weg nicht, und der Weg führt auch nicht himmelwärts. Es ist auf diesem Wege genug der Unruhe und der Angst und der Qual, insofern ist der Weg wahrlich schmal, der Weg zur Verdammnis, dieser Weg, welcher, im Unterschied von den andern Wegen, von denen wir gesprochen (dem Wege, der am Anfang schmal ist und leichter und leichter wird; dem schmalen Wege, welcher schmaler und schmaler wird), daran kenntlich ist, daß er am Anfang so leicht scheint, aber immer schrecklicher wird. Denn es geht gar so leicht, in den Tanzreigen der Lust zu treten; wenn es dann aber eine Weile her ist und es die Lust ist, die da mit dem Menschen tanzt wider seinen Willen: das ist ein schwerer Tanz. Und es ist gar so leicht, den Leidenschaften die Zügel zu lassen – tollkühne Fahrt, man kann mit dem Auge kaum folgen; – bis daß dann die Leidenschaften, nachdem sie die Zügel ergriffen haben, die man ihnen gelassen, in noch tollkühnerer Fahrt – der Mensch selbst hat kaum die Kühnheit, zu sehen, wohin sie lenken – ihn mit sich fortreißen! Und es ist gar so leicht, einem sündigen Gedanken zu gestatten, daß er sich einschleiche in das Herz – noch kein Verführer ist so geschmeidig gewesen, wie es ein sündiger Gedanke ist! – es ist gar so leicht; es gilt hier nicht, was sonst gilt, daß der erste Schritt etwas kostet, o nein, er kostet gar nichts, gerade umgekehrt: Der sündige Gedanke zahlt teuern Preis für sich, es kostet gar nichts – außer zum Schluß, wo du ihn teuer bezahlen mußt, jenen ersten Schritt, der gar nichts gekostet hat; denn wenn der sündige Gedanke Einlaß gefunden hat, so macht er sich fürchterlich bezahlt.

Die Sünde kommt in den Menschen allermeist als Schmeichler hinein; wenn dann aber der Mensch der Sünde Knecht geworden ist: das ist eine fürchterliche Knechtschaft – ein schmaler, ein ungeheuerlich schmaler Weg zur Verdammnis!

Es gibt auch noch andere schmale Wege, von denen es doch nicht unbedingt gilt, daß Christus der Weg ist und daß sie himmelwärts führen. Es gibt genug der menschlichen Leiden, nur allzu viele, Krankheit und Armut und Verkanntheit: Wer könnte sie nennen, alle diese Leiden! Jeder, der solch einen Weg geht, er geht ja auch einen schmalen Weg. Wahrlich, wir sollen nicht in hohen Tönen reden, als wären diese Leiden für nichts zu rechnen – aber, mein Freund, du weißt ja doch selber, was Christentum ist, so laß mich dich bloß daran erinnern. Was den christlichen schmalen Weg von dem allgemein menschlichen schmalen Wege unterscheidet, ist die Freiwilligkeit.

Christus ist nicht einer gewesen, der nach irdischem Gut trachtete, sich jedoch an Armut genügen lassen mußte; nein, er hat Armut *gewählt*. Er ist nicht einer gewesen, der menschliche Ehre und Ansehen begehrte, sich jedoch daran genügen lassen mußte, in Niedrigkeit oder vielleicht verkannt und unter übler Nachrede zu leben; nein, er hat Erniedrigung *gewählt*. Dies ist in strengstem Sinne der schmale Weg. Die allgemeinen menschlichen Leiden sind nicht in strengstem Sinne der schmale Weg, indes mag der Weg wahrlich schmal genug sein, und du kannst auch danach streben, diesen schmalen Weg der menschlichen Leiden christlich zu gehen. Er führt, falls du ihn christlich gehst, dennoch in den Himmel, in den er eingegangen ist, er, der gen Himmel Gefahrene.

Indes, es ist wahr, man hat an der Himmelfahrt ja gezweifelt.

Ja, wer hat gezweifelt? Ob etwa einer von denen, deren Leben das Gepräge der »Nachfolge« trug? Ob etwa einer von denen, die alles verlassen haben, um Christus nachzufolgen? Ob etwa einer von denen, welchen – und wenn die »Nachfolge« gegeben ist, so folgt dies danach – die Verfolgung ihr Zeichen aufgedrückt hat?

Nein, von denen niemand.

Sondern, als man die Nachfolge abschaffte und damit die Verfolgung zur Unmöglichkeit machte – was jedoch in der Schelmensprache, die wir Menschen untereinander reden, nicht wie eine Anklage über den Rückschritt eines irregehenden Jahrhunderts im Christentum lautete, i bewahre, es lautete wie eine Lobrede auf den unvergleichlichen Fortschritt eines aufgeklärten Jahrhunderts in der Toleranz; als man mit dem Christ-Sein herunterging, so daß Christ-Sein beinahe ein Nichts wurde; und so war denn auch nichts mehr zum Verfolgen da – da kamen denn bei der Müßiggängerei und Selbstgefälligkeit allerlei Zweifel auf. Und der Zweifel wurde wichtig ohne Zweifel, und man sich selber wichtig mittels des Zweifels – gleich wie man voreinst (was wir wahrlich nicht billigen, immerhin aber besser verstehen) sich selbst dadurch wichtig wurde, daß man sein Gut den Armen gab, so wurde man sich jetzt (vermutlich um den wahren Begriff »des Verdienstlichen« an die Stelle des mittelalterlichen Mißverständnisses zu setzen, das man fromm verabscheute), wurde sich selber wichtig mittels des Zweifels. Und während man doch an allem zweifelte, war eins indes außer allem Zweifel, daß man mit diesem Grundsatz (»man muß an allem zweifeln«) sich eine alles andre eher als zweifelhafte, ja, eine äußerst feste Stellung in der Gesellschaft sicherte, und dazu große Ehre und Ansehen unter den Menschen.

Mithin, einige zweifelten. Dann aber gab es wiederum einige, die den Zweifel mit Gründen zu widerlegen suchten. Eigentlich ist der Zusammenhang doch wohl der: Das erste ist gewesen, daß man versuchte, das Christliche mit Gründen zu beweisen oder im Verhältnis zum Christlichen Gründe anzubringen. Und diese Gründe – sie erzeugten aus sich den Zweifel, und der Zweifel wurde der stärkere. Der Beweis für das Christliche liegt nämlich eigentlich in »der Nachfolge«. Die nahm man fort. So empfand man denn ein Bedürfnis nach »Gründen«; diese Gründe aber, oder der Umstand, daß es Gründe gibt, ist schon eine Art des Zweifelns – und so erhob sich der Zweifel und lebte von den Gründen. Man merkte nicht: mit je mehr Gründen man kommt, umso mehr nur nährt man den Zweifel, und umso stärker wird er; dem Zweifel Gründe bieten, um ihn zu töten, heißt gleichsam einem hungrigen Ungeheuer, das man loswerden möchte, die wohlschmeckende Speise bieten, die es am meisten liebt. Nein, dem Zweifel soll man – wenigstens, wenn man die Absicht hat, ihn zu töten – keine Gründe bieten, sondern (so wie Luther) ihm gebieten, den Mund zu halten und zu dem Ende selber rein den Mund halten und nicht mit Gründen kommen.

Die hingegen, deren Leben von der »Nachfolge« geprägt war, sie haben nicht an der Himmelfahrt gezweifelt. Und warum nicht? Fürs erste, weil ihr Leben zu angestrengt gewesen ist, zu sehr täglichen Leiden zum Opfer gegeben, als daß sie sich müßig hätten hinsetzen können und sich abgeben mit Gründen und Zweifeln. Die Himmelfahrt stand ihnen fest: aber sie kamen vielleicht sogar recht selten dazu, an sie zu denken oder bei ihr zu verweilen – denn ihr Leben war zu sehr Handeln und auf dem schmalen Wege. Es ist wie bei einem Kriegsmann, welcher prächtige Kleidung besitzt; er weiß sehr wohl, daß er sie hat, aber er sieht fast niemals nach ihr, denn sein ganzes Leben ist hingegangen in täglichem Streiten und Wagen, und darum hat er einen Alltagsrock getragen, um sich recht regen zu können.

Sieh, auf die gleiche Art sind die, deren Leben durch die Nachfolge geprägt war, dessen gewiß gewesen, daß ihr Herr und Meister gen Himmel gefahren ist. Und was dazu beitrug, war wiederum die Nachfolge. Alle die täglichen qualvollen Leiden, die sie ertragen mußten, alle die Opfer, die sie bringen mußten, aller dieser menschliche Widerstand,

Hohn und Spott und Grinsen und blutige Grausamkeit, alles dies fol-
terte aus dem »Nachfolger« das Verlangen heraus, welches – ebenso
wie die Himmelfahrt die Naturgesetze sprengt oder wider sie streitet
(dies ist ja der Einwand, den der Zweifel macht) – die rein menschlichen Trostgründe sprengt (wie könnten diese auch den trösten, welcher leiden muß, weil er Gutes tut!), d. h. eines andern Trostes bedarf:
der Himmelfahrt des Herrn und Meisters bedarf, und gläubig hindurch-
dringt zur Himmelfahrt. So verhält es sich allezeit mit dem Verlangen
in einem Menschen; Speise geht aus von dem Esser. Wo das Verlangen
ist, da erzeugt es gleichsam selber das, dessen es bedarf. Und die Nachfolger, wahrlich, sie brauchten seine Himmelfahrt, um das Leben auszuhalten, welches sie führten – nun, deshalb ist sie auch gewiß. Indes
einer, welcher müßig dasitzt und gute Tage hat, oder emsig sich regt in
Emsigkeit vom Morgen bis zum Abend, aber nie um der Wahrheit willen gelitten hat, er bedarf der Himmelfahrt eigentlich nicht, das ist
beinahe eher etwas, das er sich einbildet, oder etwas, das er sich für
Geld einbilden läßt, er beschäftigt sich beinahe eher mit dieser Himmelfahrt wie mit einem Kuriosum – und so zweifelt er denn, natürlich, er bedarf ja auch nicht; oder er erfindet einige Gründe, oder ein
andrer ist so gut, ihm drei Gründe dafür zu überlassen – nun ja, sein
Verlangen ist denn auch nicht sonderlich groß!

Und du nun, mein Zuhörer, was tust du? Zweifelst du an der Himmelfahrt? Ist es an dem, so tu wie ich, sprich zu dir selbst: Ja, von so
einem Zweifel macht man kein Aufhebens, ich weiß sehr wohl, woher
er kommt, und wovon das kommt, nämlich daher, daß ich, hinsichtlich der Nachfolge, meiner selbst geschont haben muß, daß mein Leben in dieser Hinsicht nicht genug angestrengt ist, daß ich zu gute Tage
habe, mich selbst verschone mit den Gefahren, die damit verknüpft
sind, daß man für die Wahrheit und wider die Unwahrheit zeugt. Tu du
nur so! Vor allem aber, werde dir nicht selber wichtig, weil du zweifelst;
es ist – versichre ich dich – auch kein Grund dazu, denn aller solcher
Zweifel ist eigentlich Selbstbezichtigung. Nein, mache dir selbst und
Gott ein Eingeständnis, und du wirst es sehen, daß von zweien eins
geschehen wird: Entweder du wirst dazu bewogen werden, dich weiter
hinauszuwagen in der Richtung auf die »Nachfolge« zu – und alsdann
stellt die Gewißheit der Himmelfahrt alsogleich sich ein; oder du demütigst dich, daß du deiner selbst geschont hast, daß du ein gefühliger
Schwätzer geworden bist, und alsdann wirst du dir zum mindesten nicht
erlauben zu zweifeln, sondern demütig sprechen: »Will Gott so gnädig
sein, mich als ein Kind zu behandeln, das fast ganz mit den Leiden der

›Nachfolge‹ verschont wird, so will ich zum mindesten kein unartiges Kind sein, welches obendrein an der Himmelfahrt zweifelt.«

Oh, wenn du bewundert dahinlebst, umschmeichelt, angesehen, im Überfluß – so bist du versucht, so manches Wort zu sagen und an vielem dich zu beteiligen, das du doch vielleicht lieber unterlassen solltest, und davon du doch – denk daran! – Rechenschaft wirst geben müssen – und zugleich kommt dir dabei die Himmelfahrt gar so leicht aus dem Sinn, vielleicht sogar, daß du, wenn du einmal über sie nachsinnst, zweifelst und sprichst: Eine Himmelfahrt, das streitet ja wider alle Naturgesetze, wider den Geist – wohl doch nur den Naturgeist! – in der Natur.

Jedoch, sobald du um einer guten Sache willen – denn sonst nützt es nichts, und wo es so ist, ist das Verhältnis ja ebenfalls in Streit mit allen menschlichen Begriffen: deshalb leiden, weil man recht tut, weil man recht hat, weil man liebevoll ist –, sobald du um einer guten Sache willen verlassen lebst, verfolgt, verhöhnt, in Armut: ja, du wirst sehen, du zweifelst nicht an seiner Himmelfahrt; denn du brauchst sie.

Und nicht einmal so viel wird gebraucht, um den Zweifel zum Stehen zu bringen; denn wenn du dich vor Gott doch demütigst, weil dein Leben nicht gekennzeichnet ist als das eines Nachfolgers in strengerem Sinne, wenn du dich darunter demütigest, so erkühnst du dich nicht zu zweifeln. Wie könntest du es dir einfallen lassen, dich mit einem Zweifel zu melden, wenn die Antwort lauten müßte: Gehe erst hin und werde ein Nachfolger in strengerem Sinne, nur solch ein Nachfolger hat das Recht mitzureden – und von ihnen hat niemand gezweifelt.

»SELBSTPRÜFUNG«

– Gebet –

Vater im Himmel! Was ist der Mensch, daß Du sein gedenkest, und des Menschen Kind, daß Du Dich sein annimmst – auf jegliche Weise, in jeglicher Hinsicht. Wahrlich, in nichts hast Du Dich unbezeugt gelassen; und zuletzt hast Du ihm Dein Wort geschenkt. Mehr vermochtest Du nicht zu tun; ihn zwingen, es zu gebrauchen, es zu lesen oder zu hören, ihn zwingen, danach zu tun, das hast Du nicht wollen können. Oh dennoch, Du tust mehr. Denn Du bist nicht gleich einem Menschen; er tut selten etwas für nichts; tut er es aber für nichts, so will er denn zum mindesten nicht Ungelegenheiten davon haben. Du hingegen, oh Gott, Du gibst Dein Wort als freie Gabe, das tust Du, unendlich Erhabener – und wir Menschen haben nichts, das wir Dir geben könnten zum Entgelt. Und findest Du dann bloß ein wenig Willigkeit bei dem Einzelnen, so bist Du flugs zur Stelle, und bist fürs erste der, welcher mit mehr als menschlicher, ja, mit göttlicher Geduld, dasitzt und mit dem Einzelnen buchstabiert, auf daß er das Wort recht verstehen möge; und dann bist Du weiter der, welcher abermals mit mehr als menschlicher, ja mit göttlicher Geduld, ihn gleichsam bei der Hand nimmt und ihm hilft, wenn er danach zu tun sich müht – Du, unser Vater in dem Himmel. Amen.

»Seid aber Täter des Wortes«
Jakobus 1,22-24

Was dazu erfordert wird, um sich mit wahrem Segen zu beschauen im Spiegel des Worts?

Zum ersten wird erfordert, daß du nicht auf den Spiegel sehest, nicht den Spiegel beschauest, sondern dich selbst im Spiegel sehest.

Dies scheint so einleuchtend, daß man glauben sollte, es brauche kaum erst gesagt zu werden. Dennoch tut es gewiß not; und es bestärkt mich in dieser Meinung, daß diese Bemerkung nicht von mir selber stammt, auch nicht von jemandem, der das war, was wir heutzutage einen frommen Mann nennen: ein Mann, der so ein paar fromme Stimmungen hat, sondern von einem Wahrheitszeugen, einem Blutzeugen; und Herrliche solcher Art, sie sind wohl unterrichtet. Er warnt vor dem Fehlblick, der zum Beschauen des Spiegels wird, statt sich selber im Spiegel zu sehen. Ich mache von der Bemerkung lediglich Gebrauch und frage dich denn, werter Leser: Ist sie nicht wie gemünzt auf unsere Zeiten und unsere Verhältnisse, und überhaupt auf die späteren Zeiten des Christentums?

Denn Gottes Wort ist freilich der Spiegel: aber, aber – unüberschaubare Weitläufigkeit: Wie viel gehört denn in strengerem Sinne zu »Gottes Wort«, welche Bücher sind echt, sind sie auch von den Aposteln und sind diese auch glaubwürdig? Haben sie alles selbst gesehen, oder etwa, Verschiedenes betreffend, es doch bloß von andern gehört? Und nun die Lesarten, dreißigtausend verschiedene Lesarten; und dann dieser Haufe, dies Gedränge von Gelehrten und Meinungen, und gelehrten Meinungen und ungelehrten Meinungen, wie die einzelne Stelle zu verstehen sei ... nicht wahr, dies alles sieht etwas weitläufig aus!

Gottes Wort ist der Spiegel – ich soll, wenn ich lese oder höre, mich im Spiegel sehen; doch siehe, das mit dem Spiegel verwirrt sich derart, daß ich wohl niemals dahin gelange, mich zu spiegeln, wenigstens nicht, wenn ich diesen Weg einschlage. Man könnte beinahe versucht sein anzunehmen, daß hier ein gut Teil menschlicher Arglist mit im Spiele sei (ach, und es ist wahr, wir Menschen sind im Verhältnis zu Gott und dem Göttlichen und der gottesfürchtigen Wahrheit recht arglistig, es verhält sich durchaus nicht so, wie wir etwa zueinander sagen: daß wir so gerne Gottes Willen tun möchten, wenn wir ihn nur in Erfahrung bringen könnten) – man könnte beinahe versucht sein anzunehmen, dies sei alles Arglist, wir Menschen wollten nur ungern daran, uns in jenem Spiegel zu sehen, und allein darum seien wir auf all dies verfallen, das den Spiegel unmöglich zu machen droht, all dies, das wir so sehr ehren mit den rühmenden Namen von gelehrtem und gründlichem und ernstem Forschen und Grübeln.

Mein Zuhörer, wie hoch schätzest du Gottes Wort im Preis? Sage nun nicht, du schätzest es so hoch im Preis, daß kein Ausdruck es bestimmt angeben könne; denn man kann auch so hochtrabend sprechen, daß man überhaupt nichts sagt. Laß uns deshalb, auf daß es zu etwas werden möge, ein schlichtes menschliches Verhältnis nehmen; schätzest du Gottes Wort höher im Preis, nun, umso besser.

Denk dir einen Liebenden, der von der Geliebten einen Brief empfangen hat – so kostbar wie dieser Brief für den Liebenden ist, so kostbar, nehme ich an, ist Gottes Wort für dich; so wie der Liebende diesen Brief liest, ebenso, nehme ich an, liesest du, und meinest du lesen zu sollen, Gottes Wort.

Doch du sagst vielleicht: »Ja, aber die Heilige Schrift ist in einer fremden Sprache geschrieben.« Es sind doch wohl eigentlich zunächst die Gelehrten, die es nötig haben, die Heilige Schrift in der Grundsprache zu lesen; willst du es aber nicht anders, willst du darauf bestehen, daß du die Heilige Schrift in der Grundsprache lesen mußt: nun wohl, wir können gut und gern bei dem Bilde des Briefes von der Geliebten bleiben, wir fügen bloß eine kleine Bestimmung hinzu.

Ich nehme denn also an: Dieser Brief von der Geliebten ist in einer Sprache geschrieben, die der Liebende nicht versteht; und es ist jenenorts niemand, der ihn ihm übersetzen kann, und vielleicht möchte er sich eine solche Hilfe noch nicht einmal wünschen, um nicht einen, den es nichts angeht, in seine Heimlichkeiten einzuweihen. Was tut er? Er nimmt ein Wörterbuch, setzt sich hin und buchstabiert den Brief durch, schlägt jedes Wort nach, um sodann eine Übersetzung zuwege zu bringen. Laß uns annehmen: Wie er über dieser Arbeit sitzt, tritt einer seiner Bekannten bei ihm ein. Der weiß, daß dieser Brief angekommen ist; indem er über den Tisch hinblickt, sieht er ihn da liegen, und spricht: »Nun, du sitzt hier und liest den Brief, den du von der Liebsten bekommen hast« – was, meinst du, wird der andere sagen? Er antwortet: »Bist du bei Verstande, glaubst du, das heiße, einen Brief von der Geliebten lesen? Nein, mein Freund, ich sitze hier und schufte, um mittels eines Wörterbuchs eine Übersetzung fertig zu bekommen; zuweilen bin ich nahe daran, zu bersten vor Ungeduld, das Blut steigt mir zu Kopfe, so daß ich das Wörterbuch am liebsten auf den Boden würfe – und das nennst du lesen; willst du mich höhnen? Nein, Gott sei Dank, ich bin bald mit der Übersetzung fertig, und dann, ja dann, dann werde ich daran gehen, den Brief von der Geliebten zu lesen, das ist ein ganz ander Ding – doch mit wem rede ich … blöder Kerl, mach daß du mir aus den Augen kommst, ich habe nicht Lust, dich zu sehen, daß es dir einfallen kann, die Geliebte und mich so sehr zu kränken, daß du das einen Brief von ihr lesen nennst! Doch nein, bleib, bleib, du weißt schon, ich scherze nur, ja, ich sähe es sogar recht gern, daß du bliebest, aber um offen zu sein, ich habe keine Zeit, es ist noch ein Stück zu übersetzen übrig, und ich bin so ungeduldig, endlich ans Lesen zu kommen – deshalb, sei nicht böse, aber geh, daß ich fertig werden kann.«

Mithin, der Liebende macht bei dem Briefe von der Geliebten einen Unterschied zwischen lesen und lesen, zwischen dem Lesen mit Wörterbuch und dem Lesen des Briefs von der Geliebten. Das Blut steigt ihm zu Kopfe vor Ungeduld, wenn er dasitzt und sich beim Lesen mit Wörterbuch abplagt; er wird wie rasend, als sein Freund sich erkühnt, diese gelehrte Leserei ein Lesen des Briefes von der Geliebten zu nennen. Nun ist er mit der Übersetzung fertig, nun liest er den Brief von der Geliebten. Er sah diese ganze, wenn du so willst, gelehrte Vorarbeit für ein Übel an, das notwendig war, damit er dazu käme – den Brief von der Geliebten zu lesen.

Lassen wir dies Bild nicht vor der Zeit fahren! Nehmen wir an, dieser Brief von der Geliebten enthalte nicht bloß, wie solche Briefe wohl im allgemeinen tun, das Aussprechen eines Gefühls, sondern es sei in ihm ein Wunsch enthalten, etwas, das der Liebende tun soll gemäß dem Wunsch der Geliebten. Es sei, so nehmen wir an, viel, das von ihm verlangt werde, sehr, sehr viel; da sei, würde jeder Dritte sagen, guter Grund vorhanden, sich zu bedenken. Der Liebende indes – in der gleichen Sekunde eilt er davon, um der Geliebten Wunsch erfüllt zu sehen. Nehmen wir an, die Liebenden träfen sich nach Verlauf einiger Zeit, und die Geliebte sage: »Aber Liebster, das hatte ich ja gar nicht von dir verlangt, du mußt das Wort verkehrt verstanden oder auch es verkehrt übersetzt haben« – glaubst du, es verdrieße den Liebenden nun, daß er, anstatt eilends in der gleichen Sekunde unverzüglich dem Wunsche nachzukommen, nicht erst einige Bedenken sich gemacht habe, um sodann noch ein paar Wörterbücher mehr zu Rate zu ziehen, und sodann noch mehr Bedenken zu bekommen, und sodann das Wort vielleicht richtig zu übersetzen, und somit befreit zu sein – glaubst du, dieser sein Irrtum verdrieße ihn, glaubst du, er gefalle der Geliebten weniger?

Denk dir ein Kind, so recht das, was man einen flinken und tüchtigen Schüler nennt; als der Lehrer ihnen eines Tages die Lektion für den nächsten Tag aufgegeben hat, sagt er: »Laßt mich nun sehen, daß ihr morgen eure Sache gut könnt!« Auf unsern flinken Schüler macht dies einen tiefen Eindruck. Er kommt von der Schule nach Hause, geht flugs an seine Arbeit! Er hat aber nicht genau hingehört, wie weit sie auf haben – was tut er? Jene Ermahnung des Lehrers hat auf ihn Eindruck gemacht; er lernt wohl zweimal so weit, als sich zeigt, daß er wirklich auf hat. Glaubst du, der Lehrer werde weniger von ihm halten, weil er eine doppelt so lange Lektion ganz ausgezeichnet kann?

Denk dir einen anderen Schüler; auch er hat die Ermahnung des Lehrers gehört, auch er hat nicht genau gehört, wie weit sie aufhaben. Als er nach Hause kam, sagte er: Ich muß erst herauskriegen, wie weit wir aufhaben. So ging er zu einem seiner Mitschüler, sodann zu einem anderen, der war auch nicht zu Hause, dagegen kam er hier in eine Unterhaltung mit einem älteren Bruder von ihm – und dann endlich kam er nach Hause, und die Zeit war verstrichen, und er kam überhaupt nicht zum Lernen!

Mithin, der Liebende hat bei dem Briefe von der Geliebten einen Unterschied gemacht zwischen lesen und lesen, des weiteren hat er das Lesen so verstanden: Wenn in dem Briefe ein Wunsch enthalten sei, müsse man unverzüglich damit anfangen, ihn zu erfüllen, nicht eine einzige Sekunde sei zu versäumen.

Denke nun an Gottes Wort. Wenn du Gottes Wort auf gelehrte Art liesest – wir setzen die Gelehrsamkeit nicht herab, nein, weit davon entfernt – aber erinnere dich gut: Wenn du Gottes Wort auf gelehrte Art liesest, mit Wörterbuch usw., so liest du nicht Gottes Wort – erinnere dich des Liebenden, der gesagt hat: »das heißt nicht, den Brief von der Geliebten lesen.«

Bist du also ein Gelehrter, so gib am Ende ja acht, daß du nicht über allem diesem gelehrten Lesen (welches kein Lesen von Gottes Wort ist) vergessest, Gottes Wort zu lesen. Bist du ungelehrt, oh, sei nicht neidisch auf den anderen, freue dich, daß du ohne Verzug daran kommen kannst, Gottes Wort zu lesen! Und gibt es da nun einen Wunsch, ein Gebot, einen Befehl, dann eile – erinnere dich des Liebenden! – eile flugs davon, um danach zu tun.

»Aber«, sagst du vielleicht, »es gibt da so viele dunkle Stellen in der Heiligen Schrift, ganze Bücher, die nahezu rätselhaft sind.« Hierauf möchte ich erwidern: Wenn ich mich auf diesen Einwand einlassen soll, so müßte er von jemand gemacht werden, dessen Leben es ausdrückt, daß er genau allen Stellen nachgekommen ist, die leicht zu verstehen sind; ist dies bei dir der Fall? Doch solchermaßen würde sich der Liebende bei dem Briefe verhalten; wären dunkle Stellen darin, zugleich aber auch deutlich ausgesprochene Wünsche, so würde er sagen: »Ich muß unverzüglich dem Wunsche nachkommen, dann werde ich sehen, was mit den dunklen Stellen wird, aber wie sollte ich mich hinsetzen und über den dunklen Stellen grübeln und den Wunsch unerfüllt lassen, den Wunsch, den ich deutlich verstanden habe!«

Das will heißen: Wenn du Gottes Wort liest, so gilt: Was dich verpflichtet, sind nicht die dunklen Stellen, sondern das, was du verstehst;

und dem hast du augenblicklich nachzukommen. Wäre da nur eine einzige Stelle, die du in der ganzen Heiligen Schrift verstündest: nun wohl, so hast du zuerst nach ihr zu tun; nicht aber hast du dich zuerst hinzusetzen und über den dunklen Stellen zu grübeln. Gottes Wort ist dazu gegeben, daß du danach handelst, nicht daß du dich übest, dunkle Stellen zu dolmetschen. Liest du Gottes Wort nicht dergestalt, daß du bedenkst, das kleinste Bißchen, das du verstehst, verpflichte dich augenblicklich danach zu tun, so liest du nicht Gottes Wort.

Ebenso meinte der Liebende: »Würde ich, anstatt augenblicklich zur Erfüllung des Wunsches zu eilen, den ich verstehe, mich hinsetzen und über dem grübeln, was ich nicht verstehe, so lese ich nicht den Brief von der Geliebten. Ich kann mit gutem Gewissen vor die Geliebte hintreten und sprechen: ›Es waren da einige dunkle Stellen in deinem Brief, hinsichtlich ihrer habe ich gesagt: kommt Zeit, kommt Rat; aber es war ein Wunsch darin, den ich verstand, und den habe ich augenblicklich erfüllt.‹ Dahingegen vermag ich nicht mit gutem Gewissen vor sie zu treten und zu sprechen: ›Es waren da einige dunkle Stellen in deinem Brief, die ich nicht verstanden, ich habe mich hingesetzt und über ihnen gegrübelt, und hinsichtlich deines Wunsches, den ich freilich verstanden habe, sagte ich: kommt Zeit, kommt Rat.‹«

Indes, vielleicht fürchtest du, es möchte dir bei Gottes Wort so gehen wie jenem Liebenden mit dem Briefe, du könntest (doch diese Befürchtung ist sicherlich grundlos, wo es um Gottes Forderung geht), du könntest dahin kommen, zuviel zu tun, du könntest, indem du in noch einem Wörterbuch nachschlägst, gewahr werden, daß so viel denn doch nicht gefordert sei: Oh, mein Freund, hat es der Geliebten denn mißfallen, daß der Liebende dahin gekommen war, zuviel zu tun? Und was, glaubst du, würde ein Liebender dazu sagen, daß man solch eine Befürchtung hegt? Er würde sagen: »Wer eine solche Furcht davor hat, daß er dahin kommen könnte, zuviel zu tun, der liest nicht den Brief von der Geliebten«; und ich würde sagen: Er liest auch nicht Gottes Wort.

Lassen wir dies Bild des Briefes von der Geliebten noch immer nicht fahren. Als er dasaß und damit beschäftigt war, den Brief mit Hilfe eines Wörterbuches zu übersetzen, wurde er dadurch gestört, daß ein Bekannter bei ihm eintrat. Er wurde ungeduldig. »Aber«, würde er sicherlich sagen, »es war nur, weil ich aufgehalten wurde, denn sonst wäre es wohl einerlei, ich las ja damals nicht den Brief. Ja, wäre einer zu mir hereingekommen, während ich dasaß und den Brief las, das wäre etwas ganz anderes, das wäre eine Störung gewesen. Jedoch dagegen will ich mich schon sichern – ehe denn ich mit dergleichen anfange, verriegele ich meine Tür und bin nicht zu Hause. Denn ich will allein sein, ungestört allein mit dem Brief; bin ich das nicht, so lese ich auch nicht den Brief von der Geliebten.« Er will allein sein, ungestört allein mit dem Briefe – »sonst«, sagt er, »lese ich auch nicht den Brief von der Geliebten.«

Und so auch mit Gottes Wort; wer nicht allein ist mit Gottes Wort, der liest nicht Gottes Wort.

Allein mit Gottes Wort! Mein Zuhörer, laß mich hier ein Geständnis machen über mich selbst: Ich wage es noch nicht richtig, ganz allein zu sein mit Gottes Wort, so daß kein Sinnentrug sich dazwischenschiebt. Und erlaube mir dann noch eines zu sagen: Ich habe nie jemanden gesehen, von dem ich es zu glauben wagte, daß er die Aufrichtigkeit, den Mut habe, allein zu sein mit Gottes Wort, so daß kein, ja, kein Sinnentrug sich dazwischen schiebt.

Wunderlich! Wenn da unter den Mitlebenden ein etwas stärker bewegter Mann auftritt, der den Preis für das Christ-Sein auch nur auf ein Fünftel des Preises bestimmt, den das Evangelium ansetzt, so schreit man: »Nehmt euch vor dem Menschen in acht, lest nicht, was er schreibt, am allerwenigsten in Einsamkeit, sprecht nicht mit ihm, am allerwenigsten in der Stille, er ist ein gefährlicher Mensch.« Aber die Heilige Schrift! Nahezu jedermann besitzt sie, man trägt kein Bedenken, einem jeden Konfirmanden (somit im gefährlichsten Alter) dies Buch zu schenken. Wahrlich, es muß da mancherlei Sinnentrug im Spiele sein, man muß falsch gewöhnt sein dadurch, daß dies Buch nun einmal da ist, man muß es auf eine ganz eigentümliche Weise lesen – am wenigsten auf die Art, daß man mit ihm allein ist.

Allein sein mit der Heiligen Schrift! Ich getraue es mich nicht. Wenn ich jetzt in ihr etwas aufschlüge, die erste beste Stelle – sie fängt mich augenblicklich: sie fragt mich (ja, es ist, als ob Gott selber mich fragte): Hast du getan, was du da liesest? Und dann, dann … ja, dann bin ich gefangen. Dann entweder ohne Verzug gehandelt oder augenblicklich ein demütigendes Eingeständnis.

Oh, allein sein mit der Heiligen Schrift – wo nicht, so liest du nicht die Heilige Schrift.

Allein sein mit Gottes Wort: daß dies ein gefährlich Ding ist, das wird stillschweigend zugegeben, gerade auch von tüchtigeren Menschen. Vielleicht ist da jemand (ein tüchtigerer, ein ernsterer Mensch, ob wir gleich seinen Entschluß nicht loben mögen), der bei sich selber gesprochen: Ich tauge nicht dazu, etwas halb zu tun – und dies Buch, das Wort Gottes, ist für mich ein äußerst gefährliches Buch, und es ist ein herrschsüchtiges Buch; gibt man ihm den kleinen Finger, so nimmt es die ganze Hand; gibt man ihm die ganze Hand, so nimmt es den ganzen Mann und kehrt vielleicht mein ganzes Leben plötzlich um und um nach einem ungeheuerlichen Maßstabe. Nein, ohne mir (das verabscheue ich), ohne mir ein einziges spöttisches oder herabsetzendes Wort über dies Buch zu erlauben: Ich schaffe es an einen entlegenen Ort, ich will nicht allein sein mit ihm.

Wir billigen dies nicht; immerhin ist doch etwas daran, das wir billigen: eine gewisse Redlichkeit.

Indes, man kann sich auch auf ganz andere Art wider Gottes Wort wehren, wobei man darauf trotzt, daß man sehr wohl wage, mit ihm allein zu sein, etwas, das doch nicht wahr ist. Denn nimm die Heilige Schrift, schließ die Tür hinter dir zu – nimm dann aber zehn Wörterbücher, fünfundzwanzig Auslegungen: so kannst du die Heilige Schrift ebenso ruhig und ungeniert lesen, wie du den Lokalanzeiger liest. Fällt es dir dann etwa, wunderlicherweise, gerade, wenn du so recht schön dasitzt und eine Stelle liest, zwischendurch ein: »Hab ich dies getan, handle ich hiernach« (natürlich nur in Geistesabwesenheit, in einem zerstreuten Augenblick, da du nicht mit dem gewohnten Ernste gesammelt bist, kann dir dergleichen widerfahren), so ist die Gefahr doch nicht eben groß. Denn sieh, vielleicht sind da mehrere Lesarten, und vielleicht wird gerade jetzt eine neue Handschrift aufgefunden: ei, Gott behüte – da ist Aussicht auf neue Lesarten, und vielleicht sind fünf Ausleger der einen Meinung und sieben einer anderen, und zwei einer merkwürdigen Meinung, und drei schwanken oder haben gar keine Meinung, und »ich selbst bin nicht ganz einig mit mir über den Sinn dieser Stelle, oder, um meine Meinung zu sagen, ich bin der gleichen Meinung wie die drei Schwankenden, die keine Meinung haben« und so weiter.

So ein Mann gerät denn nicht in die Verlegenheit, in der ich stecke: entweder unverzüglich nach dem Worte tun zu müssen oder doch ein demütigendes Eingeständnis machen zu müssen. Nein, er ist getrost, er sagt: »Es steht meinerseits nichts im Wege, ich werde schon noch nach dem Worte tun – wofern es nur erst mit der Lesart in Ordnung gebracht ist und die Ausleger irgendwie einig werden.« Aha! Damit hat es nämlich allerdings gute Weile. Dahingegen hat der Mann erreicht, daß es dunkel bleibt, ob der Fehler nicht in ihm stecke, ob nicht er es sei, der nicht Lust hat, Fleisch und Blut zu verleugnen und nach Gottes Wort zu tun. Trauriger Mißbrauch der Gelehrsamkeit! Daß es den Menschen so leicht gemacht wird, sich selbst derart zu betrügen!

Denn, wäre da nicht so viel Sinnentrug und Selbstbetrug, so würde sicherlich jedermann, wie ich es tue, gestehen: Ich getraue mich schwerlich, allein zu sein mit Gottes Wort.

Allein mit Gottes Wort, dies muß man sein, so wie der Liebende allein sein wollte mit dem Brief von der Geliebten, denn ansonst wäre es kein Lesen des Briefs von der Geliebten gewesen – und ansonst ist es kein Lesen von Gottes Wort, kein »sich selber im Spiegel sehen«. Und dies war es ja, was wir sollten und was wir zu allererst sollten, falls wir mit Segen uns im Spiegel des Worts beschauen wollten; wir sollten nicht den Spiegel beschauen, sondern uns selbst im Spiegel. Bist du gelehrt, so denke daran: Falls du Gottes Wort nicht auf andre Art liesest, wird es dir widerfahren, daß du dein ganzes Leben hindurch jeden einzigen Tag viele Stunden in Gottes Wort gelesen und dennoch niemals – Gottes Wort gelesen hast. So mach denn einen Unterschied, so daß du dazu gelangest (außerhalb des gelehrten Lesens) auch noch Gottes Wort zu lesen, oder gestehe es dir zum mindesten selber ein, daß du, deinem täglichen gelehrten Bibelstudium zum Trotz Gottes Wort nicht liesest, daß du mit ihm überhaupt nichts zu tun haben willst. Bist du ungelehrt: nun, umso weniger hast du wohl Anlaß, fehl zu sehen; mithin flugs zur Sache, kein Aufenthalt mit dem Beschauen des Spiegels, sondern flugs dich beschauen im Spiegel.

Jedoch auf welche Art wird Gottes Wort in der Christenheit wohl gelesen? Teilte man uns in zwei Klassen – denn auf einzelne Ausnahmen kann man nicht eben Rücksicht nehmen –, so müßte man wohl sagen: Der größere Teil liest Gottes Wort gar nicht, der kleinere Teil liest es in dem einen oder anderen Sinne auf gelehrte Art, das heißt, er liest Gottes Wort dennoch nicht, sondern beschaut den Spiegel. Oder, um das gleiche auf andere Weise zu sagen: der größere Teil betrachtet Gottes Wort als eine überholte Schrift des Altertums, die man beiseite legt; der kleinere Teil betrachtet Gottes Wort als eine äußerst merkwürdige Schrift des Altertums, an die man einen erstaunlichen Fleiß und Scharfsinn wendet und so fort – indem man den Spiegel beschaut.

Denk dir ein Land. Es geht ein königliches Gebot aus an alle Beamten und Untertanen, kurz, an die ganze Bevölkerung. Was geschieht? Es geht mit allen eine merkwürdige Veränderung vor: alles verwandelt sich in Ausleger, die Beamten verfassen Schriften; jeden Tag erscheint eine Auslegung, die eine immer gelehrter, scharfsinniger, geschmackvoller, tiefsinniger, einfallsreicher, wundervoller, schöner und wunderbar schöner als die andere; die Kritik, welche die Übersicht geben soll, behält kaum die Übersicht über diese ungeheure Literatur, ja, die Kritik selbst schwillt zu einer so weitläufigen Literatur an, daß es nicht möglich ist, die Übersicht über die Kritik zu behalten: alles ist Auslegung – niemand aber hat das Königsgebot dergestalt gelesen, daß er danach täte. Und nicht allein dies, daß alles zu Auslegung geworden, nein, man hat zugleich den Gesichtspunkt für das, was Ernst ist, verschoben und die Beschäftigung mit dem Auslegen zum eigentlichen Ernst gemacht.

Denk dir, dieser König sei kein menschlicher König – denn ein solcher würde freilich auch sehr wohl begreifen, daß man ihn eigentlich zum Narren halte, indem man die Sache derart umdrehe; indes, ein menschlicher König ist abhängig, vor allem von der Gesamtheit der Beamten und Untertanen, und so wäre er denn wohl genötigt, gute Miene zum bösen Spiel zu machen und so zu tun, als ob alles in Ordnung wäre, so daß denn der geschmackvollste Ausleger zur Belohnung in den Adelsstand erhoben würde und der tiefsinnigste mit einem Orden ausgezeichnet usw. –, denk dir, dieser König sei allmächtig und käme somit nicht in Verlegenheit, ob auch alle Beamten und Untertanen falsches Spiel wider ihn trieben. Was, meinst du nun, wird dieser allmächtige König von dergleichen denken? Ob er nicht sagen würde: daß sie dem Gebot nicht nachkommen, das könnte ich ihnen immerhin verzeihen; fernerhin, falls sie vereint eine Bittschrift bei mir einreichten, daß ich Geduld mit ihnen haben, oder sie vielleicht ganz verschonen möge mit diesem Gebot, das ihnen so schwer falle: ich könnte es ihnen verzeihen. Das aber kann ich nicht verzeihen, daß man sogar den Gesichtspunkt für das, was Ernst ist, verschiebt.

Und nun Gottes Wort! »Mein Haus ist ein Bethaus; ihr aber habt's gemacht zur Mördergrube.« Und Gottes Wort, was ist es gemäß seiner Bestimmung, und wozu haben wir es gemacht? Alles dies Auslegen und Auslegen, alle diese Wissenschaft und neue Wissenschaft, wird vorangetrieben in der feierlichen, ernsterfüllten Form: Es geschehe, um Gottes Wort recht zu verstehen – sieh näher hin, so wirst du sehen, es geschieht, um sich wider Gottes Wort zu wehren. Es ist nur allzu leicht, die Forderung zu verstehen, die in Gottes Wort enthalten ist (»gib alles, was du hast, den Armen«, »so dir jemand einen Streich gibt auf deinen rechten Backen, dem biete den linken auch dar«, »so jemand deinen Mantel nimmt, dem gib auch den Rock«, »seid allezeit fröhlich«, »achtet es eitel Freude, wenn ihr in mancherlei Anfechtungen fallet« usf., alles ebenso leicht zu verstehen wie die Bemerkung: »Heut ist schön Wetter«, eine Bemerkung, die auf eine einzige Weise schwer verständlich werden könnte, wenn nämlich eine Literatur entstände, um sie auszulegen), auch der beschränkteste, armseligste Tropf vermöchte mit Wahrheit nicht abzuleugnen, daß er die Forderung verstehen kann – aber es zwackt Fleisch und Blut, wenn man sie verstehen will und danach tun soll. Und es ist meines Dafürhaltens menschlich, daß ein Mensch sich dagegen sträubt, das Wort richtig Macht über sich gewinnen zu lassen – will kein anderer es gestehen, ich gestehe, ich tue so.

Es ist menschlich, Gott zu bitten, er möge Geduld haben, wenn man nicht alsogleich kann, was man soll, jedoch so, daß man gelobt, danach zu streben; es ist menschlich, Gott zu bitten, er möge Mitleid haben, daß einem die Forderung zu hoch ist: will es kein anderer von sich gestehen, ich gestehe, ich tue so.

Aber das ist doch nicht menschlich, der Sache eine ganz andere Wendung zu geben: daß ich listig, immer eine Lage über der anderen, Auslegung und Wissenschaft und noch einmal Wissenschaft dazwischenschiebe (ungefähr wie wenn ein Schuljunge ein Handtuch oder auch mehrere unter seinem Wams anbringt, wenn er Prügel kriegen soll), daß ich alles das zwischen das Wort und mich schiebe, und dann diesem Auslegen, dieser Wissenschaftlichkeit den Namen von Ernst und Wahrheitseifer beilege, und dann dies Treiben zu einer solchen Weitläufigkeit anschwellen lasse, daß ich niemals dazu komme, einen Eindruck von Gottes Wort zu empfangen, niemals dazu komme, mich im Spiegel zu beschauen. Es sieht aus, als zöge alles dies Forschen und Grübeln und Sinnen und Ergründen Gottes Wort ganz nahe an mich heran: die Wahrheit ist, daß ich eben damit, aufs Allerlistigste, Gottes Wort so weit als nur möglich von mir entferne, unendlich viel weiter, als es dem ist, welcher Gottes Wort nie gesehen hätte; unendlich viel weiter, als es dem ist, welchem vor Gottes Wort so angst und bange würde, daß er es so weit als nur möglich fortschleuderte.

Denn ein noch größerer Abstand von dem, was verlangt wird (sich selbst im Spiegel zu beschauen), ein noch größerer Abstand, als wenn man den Spiegel niemals sieht, ein noch größerer Abstand ist es: jahraus, jahrein, jeden einzigen Tag durchaus ruhig dasitzen können – und den Spiegel beschauen.

Zum anderen wird erfordert, daß du, wenn du Gottes Wort liesest, um dich im Spiegel zu sehen, daß du *(auf daß du wirklich dazu gelangst, dich im Spiegel zu sehen)* daran denkst, in einem fort zu dir selber zu sagen: Ich bin es, zu dem da gesprochen wird; ich bin es, von dem da gesprochen wird.

Laß dich nicht betrügen – oder, sei nicht selber arglistig. Denn wir Menschen, wir sind Gott und Gottes Wort gegenüber gar so listig, selbst der Dümmste unter uns ist gar so listig – ja, Fleisch und Blut und Eigenliebe sind gar listig.

So haben wir denn (daß es geschieht, um gegen Gottes Wort sich zu wehren, das sagen wir nicht, wir sind doch nicht verrückt; sagten wir es, so hätten wir ja keinerlei Profit von unserer klugen Erfindung), wir haben herausgefunden, an sich selber denken sei (was es freilich in vielen Fällen sein mag, nur nicht da, wo es gilt, Gottes Wort über sich Macht gewinnen zu lassen), es sei – denk nur, wie listig! – es sei Eitelkeit, krankhafte Eitelkeit! Pfui, sollte ich so eitel sein! Denn an sich selber denken und sprechen: »Das bin ich«, es ist, wie wir Gelehrten sagen, es ist das Subjektive; und das Subjektive, es ist Eitelkeit, diese Eitelkeit, kein Buch lesen zu können – Gottes Wort! – ohne zu vermeinen, es handle von mir. Sollte ich nicht Abscheu davor haben, eitel zu sein! Und sollte ich denn so dumm sein, keinen Abscheu zu haben, wo ich doch dadurch zugleich mich versichere, daß Gottes Wort nicht dazu kommen kann, meiner habhaft zu werden, weil ich mich in keinerlei persönliches (subjektives) Verhältnis zum Wort setze, sondern stattdessen – oh, der Ernst! – um deswillen ich dann hoch gepriesen werde von den Menschen – das Wort in ein unpersönliches Etwas verwandle (das Objektive, eine objektive Lehre u. dgl.), zu dem ich – der zugleich Ernsthafte und Gebildete! – mich objektiv verhalte, so daß ich also nicht so ungebildet und eitel bin, meine Persönlichkeit mit ins Spiel zu bringen und etwa zu glauben, ich sei es, zu dem gesprochen werde, ich, in einem fort ich, von dem gesprochen werde. Ja, ferne sei von mir solch eine eitle Ungebildetheit – und gleichfalls ferne sei von mir, was ja sonst so leicht geschehen könnte, daß das Wort meiner, gerade meiner, habhaft werde, über mich Macht gewinne, so daß ich mich nicht wider es wehren könnte, und es fortführe, mich zu verfolgen, bis ich entweder danach täte, der Welt entsagend, oder doch gestünde, ich täte es nicht – die gerechte Strafe für jeden, der sich erlaubt, auf ungebildete Weise umzugehen mit Gottes Wort.

Nein, nein, nein! Wenn du Gottes Wort liesest, dann bei allem, was du liesest, fort und fort zu dir sagen: Ich bin es, zu dem gesprochen wird, ich, von dem gesprochen wird – dies ist der Ernst, eben dies ist der Ernst.

Es hat auch kein Einziger von denen, denen die Sache des Christentums in höherem Sinne anvertraut gewesen ist, vergessen, es wieder und wieder als das Allerentscheidendste einzuschärfen, als unbedingt die Bedingung, falls du dazu gelangen sollst, dich im Spiegel zu sehen. Mithin, das ist es, was du tun sollst: Du sollst während des Lesens in einem fort zu dir selber sagen: Es wird da gesprochen zu mir und von mir.

Jener mächtige Kaiser des Ostens, dessen Zorn das kleine berühmte Volk auf sich gezogen hatte, er hatte, so erzählt man, einen Sklaven, der jeglichen Tag zu ihm sagte: Denke daran, dich zu rächen. Das war auch etwas, daran zu denken; mich dünkt, es wäre besser gewesen, einen Sklaven zu haben, der ihn jeglichen Tag daran erinnert hätte zu vergessen, was indes auch nicht das Rechte ist; denn würde man jedweden Tag ans Vergessen erinnert, so wird es ja kein Ernst mit dem Vergessen. Jedenfalls aber dieser Herrscher verstand, eben weil er zornig war (und Zorn ist eine – freilich nicht lobenswerte – Bestimmtheit der Persönlichkeit), sehr richtig, wie man verfährt, wenn es sich um eine persönliche Einwirkung auf einen handelt.

Indes, noch besser als jener Herrscher wurde doch der König David bedient, – versteht sich, es ist jene Art von Bedientwerden, die man selten aus freien Stücken begehrt, man ist eher versucht, sie für eine der größten Unbequemlichkeiten des Lebens zu halten.

Die Geschichte, die ich im Auge habe, ist bekannt. König David sah Bathseba. Sie sehen und sehen, daß ihr Mann im Wege stehe, war eins. Er muß also weg. Und es geschah auch; man weiß nicht recht, wie es zuging, es muß eine Fügung geben, er fiel in der Schlacht. Jedoch, »so geht es eben im Kriege«, spricht der König, er hatte vermutlich aus Tollkühnheit selbst einen so gefährlichen Posten gewählt, daß es der sichere Tod war – ich sage lediglich, gab es jemanden, der ihn aus der Welt wünschte, er hätte, falls er dazu die Gewalt hatte, nichts Besseres tun können, als ihn auf den Posten stellen, welcher der sichere Tod war. Nun ist er aus dem Wege. Das ging sehr bequem. Und nun also – steht dem wohl noch etwas im Wege, in den gesetzmäßigen Besitz seines Weibes zu gelangen? Etwas im Wege? Du bist sonderbar, es ist doch sogar eine in höchstem Maße edle, hochherzige, echt königliche Handlung, die den gesamten Kriegerstand begeistern wird, daß der König die Witwe des fürs Vaterland gefallenen Kriegers ehelicht.

Da geht denn eines Tages ein Prophet zum König David hinauf. Laß uns die Sache recht gegenwärtig werden, indem wir sie ein wenig modernisieren. Der eine ist der König, der höchststehende Mann im Volk, der andere der Prophet, ein angesehener Mann aus dem Volk, beide, natürlich, gebildete Männer, und man darf also dessen gewiß sein, daß ihr Verkehr miteinander, ihre Unterredung unbedingt das Gepräge der Bildung tragen wird. Überdies sind sie beide, vor allem der eine von ihnen, berühmte Schriftsteller, König David der namhafteste Dichter, und demzufolge ein Kenner, ein geschmackbesitzender Richter des Geschmacks, welcher die Darstellung und die Wahl der Ausdrücke zu würdigen weiß, ebenso die Anlage eines Gedichts und die sprachliche Form und die Tonart und seine Nützlichkeit oder Schädlichkeit für die Sitten usw.

Und es trifft sich glücklich, man kommt gerade zu dem rechten Mann; denn der Prophet hat eine Novelle verfaßt, eine Erzählung, und er wird die Ehre haben, sie Seiner Majestät vorzutragen, dem gekrönten Dichter und Kenner der Dichtung.

»In einer Stadt wohnten zwei Männer; der eine war überaus reich und besaß Großvieh und Kleinvieh die Menge; der Arme dagegen besaß nichts als ein kleines Lämmchen, das er gekauft und aufgezogen hatte, und das zugleich mit seinen Kindern bei ihm aufgewachsen war. Es aß aus seiner Hand und trank aus seinem Becher und es war wie Kind im Hause. Wie aber ein Wanderer zu dem Reichen kam, da schonte der sein Kleinvieh und sein Großvieh und nahm des Armen Schaf; das schlachtete er und bereitete es zur Speise für den Fremden, der zu ihm gekommen war.«

Ich stelle mir vor, David hat aufmerksam zugehört, hat darauf seine Meinung kundgetan, natürlich seine Persönlichkeit (Subjektivität) nicht eingemischt, sondern diese nette kleine Arbeit unpersönlich (objektiv) gewürdigt. Es ist da vielleicht eine Einzelheit gewesen, von der er meinte, sie hätte anders sein dürfen, vielleicht hat er einen glücklicher gewählten Ausdruck vorgeschlagen, vielleicht auch einen kleinen Fehler in der Anlage aufgezeigt, den meisterlichen Vortrag der Erzählung durch den Propheten gerühmt, seine Stimme, seine Gebärden, kurz, er hat sich so geäußert, wie in unseren Zeiten wir Gebildeten eine Predigt für Gebildete zu beurteilen pflegen, das heißt eine Predigt, die ihrerseits ebenfalls objektiv ist.

Da spricht der Prophet zu ihm: »Du bist der Mann.«

Sieh, die Erzählung, die der Prophet vorgetragen hat, ist eine Geschichte gewesen; dies Wort aber: »Du bist der Mann«, es ist eine andere Geschichte – es ist der Übergang zum Subjektiven.

Aber glaubst du denn nicht, daß David schon zuvor von selber sehr wohl wußte, wie abscheulich es ist, einem Weibe den Mann erschlagen zu lassen, um es zu ehelichen; glaubst du nicht, daß David, der große Dichter, leicht imstande gewesen wäre, selber (mit Wohlredenheit, schreckend, erschütternd) dies darzustellen? Und weiter: Glaubst du nicht, daß David bei sich selber sehr wohl wußte, wie, wessen er schuldig geworden? Und doch, doch, doch bedurfte es eines Außenstehenden, der zu ihm sagte: Du.

Du ersiehst hieraus, wie wenig ausgerichtet wird mit diesem Unpersönlichen (dem Objektiven), einer Lehre, einer Geschichte, der Wissenschaft und dgl., wenn sogar ein ansonst so frommer und gottesfürchtiger Mann wie David (und Frömmigkeit, Gottesfurcht sind ja Gestaltungen des Persönlichen, des Subjektiven), wenn sogar er angesichts der Verübung einer so abscheulichen Untat (und im voraus fand er – objektiv genug! –, es stehe nichts dem im Wege, auch das Gewissen nicht, Uria totschlagen zu lassen, nichts dem im Wege, auch das Gewissen nicht, Bathseba zu ehelichen), wenn sogar er, nachdem es geschehen ist, so viel unpersönliche Haltung (Objektivität) bewahren kann, daß er dahinzuleben vermag und zu tun, als wäre nichts, daß er vermag, die Erzählung des Propheten anzuhören und zu tun als wäre nichts – bis daß dann der Prophet, müde dieser, in unserem Jahrhundert als Bildung und Ernst so gepriesenen unpersönlichen Haltung oder Objektivität, seine Vollmacht braucht und spricht: »Du bist der Mann.«

Zugleich ersiehst du hieraus, welch eine Tiefe von List und Verschlagenheit es ist, wenn eine weltliche Bildung in der Christenheit sich das, was da unleugbar wahr ist, zunutze macht: daß es nämlich Eitelkeit ist, fortwährend selbstisch sein Ich und seine Persönlichkeit hereinzuziehen – wenn man sich, dies zunutze machend, eben das glücklich zur Eitelkeit gemacht hat, was Gottes Wort gegenüber der Ernst ist, so daß man sich des Ernstes und der Anstrengung des Ernstes entledigt und eben damit sich das Ansehen eines Ernsthaften und Gebildeten sichert.

Oh Tiefe der Verschlagenheit! Man macht Gottes Wort zu einem Unpersönlichen, zu einem Objektiven, einer Lehre – während es doch vielmehr Gottes Stimme ist, die du hören sollst; solchermaßen hörten es die Väter, diese erschreckende Stimme Gottes – nun hat es den Klang des Objektiven wie Kattun! Und man verhält sich unpersönlich, objektiv zu diesem Unpersönlichen; und auf der Höhe weltlicher Bildung, an der Spitze des gebildeten Publikums, der Wissenschaft, pocht man darauf, dies sei Ernst und Bildung; man bemitleidet jene persönlichen (subjektiven) armen Tröpfe womöglich in einen Schandwinkel hinein.

Oh Tiefe der Verschlagenheit! Denn diese unpersönliche Haltung (Objektivität) Gottes Wort gegenüber zu bewahren, es fällt uns Menschen nur allzu leicht, es ist wirklich eine angeborene Genialität, die wir alle besitzen, etwas, das wir umsonst kriegen – mit der Erbsünde, sintemal diese hochgepriesene unpersönliche Haltung (Objektivität) nicht mehr und nicht weniger ist als Gewissenlosigkeit. Und – versteht sich – Gewissenlosigkeit natürlich nicht so, daß sie sich als Polizeiverbrechen äußerte (etwas, das töricht, dumm und unklug wäre), nein nein, mit Maßen, bis zu einem gewissen Grade und dann mit Geschmack und Bildung, sie macht das Leben gemächlich und genußreich – aber ist es nicht doch zuviel, sie zu Ernst und Bildung zu machen!

Nein, wenn du Gottes Wort lesen sollst, um dich im Spiegel zu sehen, so mußt du während des Lesens in einem fort zu dir selbst sagen: Ich bin es, zu dem gesprochen wird, ich, von dem gesprochen wird.

Es war ein Mensch, der von Jerusalem nach Jericho ging und unter die Räuber fiel, und die zogen ihn aus und schlugen ihn und gingen davon und ließen ihn halb tot liegen – wenn du nun liesest »... und von ungefähr zog ein Priester (Pastor) desselben Weges, und da er ihn sah, ging er vorüber«, so sollst du zu dir selbst sagen: »Das bin ich.« Du sollst keine Ausflüchte suchen, noch weniger witzig werden (denn in der weltlichen Welt vermag allerdings ein Witz sogar für die größte Niederträchtigkeit vollauf genugzutun, aber so ist es nicht, wenn du Gottes Wort liesest), du sollst nicht sagen: »Das bin ich nicht, es war ja ein Pastor, und ich bin nicht Pastor, dahingegen finde ich es ausgezeichnet, daß das Evangelium es einen Pastor sein läßt, denn die Pastoren sind die Ärgsten von allen.«

Nein, wenn du Gottes Wort liesest, soll es ein Ernst sein, und du sollst zu dir selbst sagen: »Dieser Priester (Pastor), das bin ich.« Ach, daß ich so unbarmherzig habe sein können, und ich nenne mich doch einen Christen! – und insofern bin ich ja auch ein Priester, zum mindesten wissen wir das sonst recht gut geltend zu machen, wenn es darum geht, uns von den Pastoren frei zu halten, denn dann sagen wir: Christlich sind alle Priester. Ach, daß ich so unbarmherzig habe sein können, daß ich so etwas habe sehen können (und ich habe es gesehen, es steht im Evangelium: »und da er ihn sah, ging er vorüber«), es ungerührt habe sehen können!

»Desgleichen auch ein Levit, da er kam zu der Stätte, ging er herzu und sah ihn und ging vorüber.« Hier sollst du sagen: »Das bin ich, oh, daß ich so hartherzig habe sein können und daß es mir, wenn mir dies früher einmal widerfahren ist, also noch einmal mehr wird widerfahren können, daß ich nicht besser geworden bin!«

Und es kam ein praktischer Mann desselben Weges, und als er in die Nähe kam, sprach er zu sich selbst: »Was ist das, da liegt ein halbtoter Mensch, es taugt gewiß nichts, daß ich den Weg weiter gehe, es könnte ja eine Polizeisache daraus werden, oder die Polizei könnte im gleichen Augenblick dazu kommen und mich als den Täter festnehmen.«

Da sollst du zu dir selbst sagen: »Das bin ich, oh, daß ich so erbärmlich gescheit habe sein können! Und nicht allein das, sondern daß ich dann hinterher mich darüber habe freuen können, daß ich, als ich es einem meiner Bekannten erzählte, mich darüber habe freuen können, wie er es lobte als sehr gescheit und praktisch von mir.«

Und da kam einer in tiefen Gedanken, an nichts denkend, desselben Weges; er sah überhaupt nichts, und ging vorüber – da sollst du zu dir selbst sagen: »Das dürfte ich sein, ich Schaf, daß ich so gehen und dösen kann, ohne zu sehen, daß da ein halbtoter Mensch liegt«; und derart würdest du doch zu dir selbst sprechen, falls ein großer Schatz auf dem Wege gelegen hätte und du vorübergegangen wärest, ohne ihn zu sehen.

»Ein Samariter aber reiste und kam zu ihm.« Damit du es nicht müde wirst, fort und fort zu sagen: »Das bin ich«, kannst du hier der Abwechslung halber sagen: »Das dürfte nicht ich sein, ach nein, so bin ich nicht!« – Wenn alsdann das Gleichnis sein Ende hat und Christus zum Pharisäer spricht: »Geh hin und tue desgleichen«, so sollst du zu dir selbst sagen: »Ich bin es, zu dem gesprochen wird, nun gleich los.« Du sollst keine Ausflüchte suchen, noch weniger dich in Witzen versuchen (denn fromm verstanden tut der Witz wahrlich nicht für irgend etwas genug, sondern schärft lediglich das Gericht), du sollst nicht sprechen: »Auf Ehre, ich kann versichern, der Fall ist in meinem Leben nicht vorgekommen, daß ich eines Weges gezogen wäre, an dem ein halbtoter Mensch lag, welcher von Räubern überfallen worden war; überhaupt sind Räuber bei uns eine Seltenheit.« Nein, so sollst du nicht sprechen; du sollst sagen: »Dies Wort ist zu *mir* gesagt: ›Geh hin und tue desgleichen.‹« Denn du verstehst das Wort recht gut. Und hast du auf deinem Wege niemals jemand angetroffen, der von Räubern überfallen worden war: Es sind Elende genug auf deinem wie auf meinem Wege. Oder um ein Beispiel zu nehmen, welches immerhin mit jenem im Evangelium Ähnlichkeit hat: Bist du nie eines Weges gezogen, an dem, wo nicht buchstäblich, so doch gleichwohl in Wahrheit einer lag, welchen üble Nachrede und Ehrabschneiderei überfallen und nackt ausgezogen und halbtot hatten liegen lassen? Und es kam ein Pastor desselben Weges, und er ging vorüber – das heißt, zuerst hörte er sich an, was die üble Nachrede von jenem Menschen erzählte, und danach ging er weiter – und erzählte die Geschichte weiter; und dieser Pastor, sollst du zu dir selbst sagen, ja, sogar wenn du Bischof oder Propst wärest, du sollst gleichwohl zu dir selbst sagen: »Dieser Pastor, der dürfte ich sein!« Und es kam ein Levit desselben Weges, und er ging vorüber – will heißen, er tat es, nachdem er erst einmal im Vorübergehen die Neuigkeit in Erfahrung gebracht hatte, alsdann ging er vorüber und nahm die Neuigkeit mit. »Und dieser Levit«, sollst du zu dir selbst sagen, »der dürfte ich sein!« Und dann kam da ein Bürgersmann vorüber; der hörte die Geschichte ebenfalls, und dann ging er mit ihr herum und sagte: »Es ist wahrhaftig eine Schande, daß man – wie ich jetzt tue! – so und so von diesem Manne erzählte.« »Und dieser Bürgersmann«, sollst du zu dir selbst sagen, »der dürfte ich sein!« »Das dürfte ich sein«, oh, dies ist ja ärger als jene Geschichte im Evangelium, denn weder der Priester (Pastor) noch der Levit sind ja mit dabei gewesen, den Mann halbtot zu schlagen, aber hier sind sie die Mitschuldigen der Räuber.

Du liest von jenem Obersten, Mitglied des Hohen Rats, er sei bei der Nacht zu Christus gegangen. Du sollst deine Aufmerksamkeit nicht zerstreuen, nicht einmal, indem du die doch richtige Bemerkung machst, es sei wunderlich, daß er gerade diese Zeit gewählt habe, denn was nützt es denn, wenn man verborgen bleiben will, die Nachtzeit zum Gang zu wählen, wenn man zu dem geht, der das Licht ist, so wie es im Psalme heißt (139,11): »Spräche ich: Finsternis möge mich decken! so muß die Nacht auch Licht um mich sein. Denn auch Finsternis nicht finster ist bei dir, und die Nacht leuchtet wie der Tag.« Nein, dergestalt sollst du nicht reden, ach, du verstehst nämlich nur allzu gut, weshalb er die Nacht gewählt: Ist Christus gleich »der Weg«, für die Gleichzeitigen war er – und käme er noch einmal, er wäre es wohl wiederum – der verbotene Weg.

Wenn du also davon liesest, von ihm, auf den Christus doch Eindruck gemacht hatte – jedoch nur so, daß er sich weder ganz hingeben, noch ganz losreißen konnte, weshalb er denn die Nacht wählte, um sich zu ihm zu stehlen bei der Nacht –, so sollst du zu dir selbst sagen: »Das bin ich.« Du sollst keine Ausflüchte suchen, keine nicht dazugehörigen Dinge einmischen, du sollst schlechtweg still sitzen in der Stunde, du sollst nicht sprechen: »Das war einer von den Vornehmen, und gerade so sind die Vornehmen, großtuerisch, und dann feige und treulos, wie sollte denn auch das Evangelium, welches für die Armen ist, für die Vornehmen sein können.« Nein, dergestalt sollst du nicht reden. Wenn du Gottes Wort liesest, so hast du nichts zu tun mit den Vornehmen oder mit den Vornehmen im Allgemeinen oder mit Anklagen wider sie; denn wärest du gleich einer von den Vornehmen, du hast es dennoch allein mit dir selbst zu tun. Nein, du sollst sprechen: »Das bin ich.«

Und mußt du dir selbst gestehen, daß du wirklich drauf und dran gewesen bist, jene Bemerkung über die Vornehmen zu machen, so sollst du nicht bloß sagen: »Das dürfte ich sein«, sondern hinzufügen: »Ich bin es, der da obendrein Ausflüchte hat suchen wollen, noch einmal mehr (wie wenig es auch nützt, wo ich vor dem stehe, der das Licht ist) sich hat bergen wollen im Dunkel der Nacht, in jene Ausflucht oder Entschuldigung, gleich als ob ich Gottes Wort nicht verstünde, als wären es bloß die Vornehmen, von denen gesprochen würde. Nein, ich bin es gewesen. Oh, daß ich so erbärmlich habe sein können, solch eine Memme, weder kalt noch warm, weder das eine noch das andere!«

Auf die Art (es sind dies nur ein paar Beispiele) sollst du Gottes Wort lesen; und gleich wie man, laut der Erzählungen des Aberglaubens, mit dem Lesen von Beschwörungsformeln Geister berufen kann: ebenso wirst du (und dies ist das Erste, das not ist), wenn du auch nur einige Zeit fortfährst, Gottes Wort auf die Art zu lesen, wirst du eine Furcht, ein Zittern in deine Seele hineinlesen, so daß es dir mit Gottes Beistand gelingen wird, ein Mensch zu werden, eine Persönlichkeit; erlöst davon, jenes grauenhafte Unding zu sein, in das wir Menschen – zum Bilde Gottes erschaffen! – verzaubert worden sind: ein unpersönliches, ein objektives Etwas. Es wird, wenn du Gottes Wort auf die Art liest, es wird – wenn es dir auch erschreckend sein wird, aber denke daran, es ist die Bedingung der Erlösung! – dir gelingen, was da gefordert wird: dich selbst im Spiegel des Worts zu beschauen. Allein auf solche Art gelingt es.

Denn ist für dich Gottes Wort bloß eine Lehre, ein unpersönliches, ein objektives Etwas, so ist es kein Spiegel – eine objektive Lehre kann man nicht einen Spiegel nennen; es ist ebenso unmöglich, sich in einer objektiven Lehre zu spiegeln, wie sich zu spiegeln in einer Wand. Und falls du dich unpersönlich (objektiv) zu Gottes Wort verhältst, so kann nicht die Rede davon sein, daß dies heiße, sich selber im Spiegel beschauen, denn um sich zu spiegeln ist doch wohl eine Persönlichkeit, ein Ich erforderlich; eine Wand kann in einem Spiegel erblickt werden, aber nicht sich spiegeln, oder sich selbst im Spiegel beschauen. Nein, du mußt beim Lesen des Wortes Gottes in einem fort zu dir selber sagen: »Ich bin es, von dem, zu dem da gesprochen wird.« *Endlich mußt du, falls du dich selbst mit wahrem Segen im Spiegel des Wortes beschauen sollst, nicht alsogleich vergessen, wie du gestaltet gewesen bist, nicht der vergeßliche Hörer (oder Leser) sein,* von dem der Apostel sagt: *Er beschaute sein leiblich Angesicht im Spiegel, vergaß jedoch alsogleich, wie er gestaltet war.*

Dies ist denn einleuchtend genug; denn sich in einem Spiegel sehen und dann gleich vergessen, es ist ja, wie wenn man in Sand schreibt oder in Wasser, oder wie wenn man in die Luft malt.

Das Richtigste ist daher, daß du unverzüglich zu dir selber sagst: »Ich will sogleich anfangen, mich am Vergessen zu hindern, sogleich, noch in diesem Augenblick, ich gelobe es mir selber und Gott, auch wenn es nur für die nächste Stunde wäre oder für den Tag heute; so lange soll es denn also sicher sein, daß ich nicht vergesse. Dergestalt ist es das Richtigste, glaub es mir, und du weißt ja, ich soll ein bißchen von einem Seelenkundigen sein, und was du nicht weißt, ach, das weiß ich, in wie vielen Leiden, in wie bitteren Erfahrungen ich es geworden bin, wenn anders ich es geworden bin.

Auf die Art zu verfahren ist weit richtiger, als sofort den Mund zu voll zu nehmen und sofort zu erklären: »Ich werde niemals vergessen.« Oh, mein Freund, es ist weit besser, daß du niemals vergessest, *sogleich* daran zu denken, als daß du sogleich erklärst: Ich werde es *niemals* vergessen. Ernst ist eben dies: solchen redlichen Argwohn wider sich selbst zu hegen, mit sich selber umzugehen als mit einem Verdächtigen, gleich wie ein Geldmensch umgeht mit einem unsicheren Zahler – er sagt zu ihm: »Ja, diese großen Versprechungen helfen wenig, ich möchte lieber einen kleinen Teil der Summe sofort haben.« Ebenso denn auch hier. Es sieht so armselig aus, wenn man sich selbst es gelobt hat, niemals zu vergessen – dann eben gleich in der nächsten Stunde damit anfangen sollen, daran zu denken!

Dennoch, diese nächste Stunde entscheidet vielleicht alles; die nächste Stunde nach einer sogenannten stillen Stunde, diese nächste Stunde ist die kritische Stunde. Läßt du sie hingehen und sprichst: »Ich habe gelobt, niemals zu vergessen, mein ganzes Leben ist somit dem Darandenken geweiht, welch eine Kleinlichkeit ist es da, so peinlich genau mit dieser nächstliegenden Stunde zu sein« –; sprichst du so: so ist es eigentlich entschieden, daß du der vergeßliche Hörer oder Leser wirst. Denke dir jemanden, der einer Leidenschaft sich ergeben hat und noch ergibt. Es kommt nun ein Augenblick (und so kommt er für einen jeden, vielleicht zu vielen Malen, ach, vielleicht zu vielen Malen vergeblich!), ein Augenblick, da er gleichsam angehalten wird; ein guter Entschluß wacht auf. Denk dir also, eines Morgens – laß es z. B. ein Spieler sein – spräche er zu sich selbst: »So gelobe ich denn hoch und heilig, ich werde mich nimmermehr mit dem Spielen abgeben, nimmermehr – heute abend soll es das letzte Mal sein«: Oh, mein Freund, er ist verloren! Eher möchte ich (so wunderlich es klingt) auf das Gegenteil setzen, wofern da ein Spieler in solch einem Augenblick zu sich selber spräche: »Nun wohl, es soll dir freistehen, dein ganzes übriges Leben lang jeden einzigen Tag zu spielen – heute abend aber sollst du es lassen«; und er dann so täte, er ist gewiß gerettet! Denn der Entschluß jenes Ersten ist ein Gaunerstückchen der Lust, der des andern spielt der Lust einen Streich; der eine wird von der Lust zum Narren gehalten, der andere hält die Lust zum Narren. Die Lust ist allein im Augenblicke stark; bekommt sie nur augenblicklich ihren Willen, so soll von ihrer Seite dem nichts im Wege stehen, ein Gelöbnis abzulegen für das ganze Leben. Das Verhältnis aber umkehren und sagen: »Nein, heute nicht, doch morgen, übermorgen usw.«, das heißt die Lust zum Narren halten; denn wenn es warten heißt, so verliert die Lust die Lust. Findet sie nicht augenblicklich Einlaß, wenn sie sich meldet, vor jedem anderen, heißt es, daß ihr erst morgen Zutritt verstattet ist, so versteht die Lust (geschwinder als der schmeichlerischste und verschlagenste Höfling oder das listigste Weib es verstehen, was es zu bedeuten habe, wenn ihnen dies im Vorzimmer widerwährt), die Lust versteht: Sie ist nicht mehr Ein und Alles, das heißt, sie ist nicht mehr »die Lust«.

So verhält es sich mit der Achtsamkeit darauf, daß man alsogleich nicht vergesse; gelobe nicht, niemals zu vergessen, zum Entgelt dafür, daß du in der nächsten Stunde vom Darandenken beurlaubt bist. Nein, kehre dann lieber das Verhältnis um, sprich: Mein ganzes Leben lang daran denken, das ist freilich keine Sache, aber ich gelobe, ich will gleich in der nächsten Stunde daran denken, und das werde ich halten.

Wenn du nun also von hinnen gehst (denn wir können uns ja vorstellen, es sei eine Rede, die wirklich gehalten worden ist), so sei nicht eifrig, die Rede und den Redner zu beurteilen. Denn freilich kann man deshalb noch nicht sagen, du habest die Rede alsogleich vergessen; jedoch auf die Art sich ihrer zu erinnern, heißt dennoch, ein vergeßlicher Zuhörer sein. Nein, – und doch, vergiß die Rede und den Redner; lies aber, wenn du nach Hause kommst, für dich selbst, und womöglich laut, die Epistel des Tages –, tu es aber gleich! Nicht wahr, das wirst du tun? Hab Dank. Und wo da jemand wäre, der zufällig erst nach zehn Jahren, durchaus zufällig, dazu käme, diese Rede zu lesen und sie zu Ende läse: Ich bitte dich, ja dich, lies danach für dich selbst, und womöglich laut, die Epistel des Tages, tu es aber gleich! Nicht wahr, das wirst du tun? Hab Dank.

Wir sind unserm Heile jetzt näher, denn da wir gläubig wurden

Römer 13,11

»Großer Gott, wo sind wir«, so ruft der Schiffsführer, wenn in der finstern Nacht das Schiff dem Steuer nicht gehorchen will und kein Stern sich zeigt, wenn alles Düsternis und Dunkel ist, während der Sturm wütet, wenn jegliche Ortsbestimmung unmöglich ist: »Großer Gott, wo sind wir!« Und wer in diesen Zeiten das Christentum verkündigen will, muß nicht auch er sagen: Wo sind wir? Wir sind in der Christenheit, freilich, das ist wahr; es werden alljährlich so und so viele Christen – geboren, getauft, konfirmiert, wir sind so und so viele Christen, ungefähr ebenso viel, wie es Einwohner im Lande gibt, aber was will das heißen? Ist das denn eine Ortsbestimmung? Oder soll etwa der Verkündiger des Christentums die ganze Sache auf Abstand von der Wirklichkeit halten, um nicht zu nahe zu treten? Soll er vom Christlichen reden, aber es unentschieden lassen, zu wem er spricht? Soll er davon sprechen, daß wir jetzt dem »Heile näher sind, denn da wir gläubig wurden«, aber es dabei gänzlich unentschieden lassen, wer diese »wir« sind: ob es die sind, welche jetzt leben, oder die, welche gelebt haben vor hundert oder vor achtzehnhundert Jahren – soll er auf solche Art reden und mithin in die Luft streichen, so daß das Christentum verkündigen in die Luft streichen heißt?

Wo sind wir?

Wer da in der Christenheit vom Christentum reden soll, ist er ein Missionar, welcher das Christentum ausbreiten soll, so daß alles dies Reden von der Christenheit eine Einbildung ist, oder soll er annehmen, daß wir alle Christen sind, oder soll er einen Unterschied machen, und wenn ja, wie soll er den Unterschied machen – wo sind wir?

Auf diese Schwierigkeit scheint man in unsern Tagen minder aufmerksam zu sein. Man betrachtet das Christentum als eine Summe von Lehrsätzen, man trägt es in gleicher Weise vor wie antike Philosophie, Hebräisch oder eine beliebige Wissenschaft sonst, indem man das Verhältnis des Zuhörers oder des Lehrers dazu ganz und gar aus dem Spiel läßt.

Dies ist im Grunde Heidentum. Das Christliche ist gerade: das Verhältnis zum Christentum ist das Entscheidende. Einer kann über das ganze Christentum Bescheid wissen, kann es zu klären, zu erörtern, darzustellen verstehen – wofern er aber im übrigen meint, sein eigenes persönliches Verhältnis zum Christentum sei gleichgültig, so ist er ein Heide. Indes, so wie man alle Regierungen gestürzt hat, so hat man auch das Christentum aus dem Regiment gestürzt. Es sollte über die Menschen herrschen, ihr Leben umbilden, nicht bloß am Sonntag, sondern alle Tage, sollte bestimmend eingreifen in alle Lebensverhältnisse. Stattdessen hält man es als eine bloße Lehre auf dem Abstande der Wissenschaft, tut die Übereinstimmung unter den verschiedenen christlichen Lehrsätzen dar – jedoch dein und mein Leben, die Übereinstimmung oder Nichtübereinstimmung des Lebens der Menschen mit dieser Lehre, das ist das Gleichgültige.

Darum haben wir zum Gegenstand unserer Rede die angegebenen Worte gewählt. Denn soll diese Rede nicht ganz und gar sinnlos sein, so müssen wir auf die eine oder andere Weise den Menschen näher kommen, oder richtiger: sie veranlassen, daß sie sich selbst näher kommen. Und eben dies wollen wir. Es ist nimmermehr unsere Absicht, zu Gericht zu sitzen über die Christenheit oder über einen einzigen Menschen in der Christenheit; wir befleißigen uns, daß wir uns selbst so nahe als möglich kommen, das beste Mittel, um zu verhindern, daß wir richtend anderen zu nahe treten. Sehr wohl hingegen ist es unsere Absicht, dem Zuhörer Anlaß zu geben, daß er aufmerksam darauf werde und sich selbst, sein Leben, sein Christentum daraufhin prüfe, wo »er« selber ist. Und wenn man über die angegebenen Worte »Wir sind unserem Heile jetzt näher …« sprechen wollte, ohne zu bestimmen, wo »wir« sind, so wäre dies doch ebenso nichtig und hohl, wie wenn man auf der Landkarte von Kopenhagen nach Jerusalem reiste. Über diese Worte sprechen, ohne daß man dies »Jetzt« und dies »Da« bestimmt, ist ebenso nichtssagend, wie wenn man in der Einbildung von einem Planeten zum anderen reiste.

Wir sind unserm Heile jetzt näher,
denn da wir gläubig wurden

Zu jeglicher Ortsbestimmung sind stets zwei Punkte erforderlich. Von einer Ortschaft sagen, sie liegt »dort«, von einem Weg, er läuft »dort«, von einem Manne, er wohnt »dort«, heißt den, mit dem man spricht, zum Narren halten, und ebenso sich selbst zum Narren halten, falls man nicht etwa die Absicht hat, den anderen zu uzen, sondern ernsthaft zu sprechen meint. Falls in der Rede Sinn und Ernst sein und der, zu dem man spricht, Gewinn davon haben soll, so muß ein Punkt gegeben sein, von dem der Betreffende weiß, wo er liegt, und in Beziehung auf den man alsdann das »Dort« bestimmt. Der Fremde verirrt sich deshalb in der Wüste, und einem Menschen wird deshalb schwindlig auf dem Meere, weil er kein »Dort« hat, in Beziehung auf welches er bestimmen kann, wo er ist, oder weil er keinen Punkt hat, in Beziehung auf welchen er das »Dort« bestimmen kann.

Das Gleiche gilt von der Zeitbestimmung. Soll ich bestimmen, wo ich »jetzt« bin, so muß ich einen anderen Zeitpunkt bestimmt haben, in Beziehung auf den ich dieses »Jetzt« bestimme. Darum enthalten die zum Gegenstand der Rede gewählten Worte auch ganz mit Recht eine andere Bestimmung, mittels deren die Redenden dies »Jetzt« bestimmen: wir sind unserm Heil »jetzt näher, denn da wir gläubig wurden«. Darin ist ja ein ausgezeichneter Sinn. Wenn jemand sagt: »Ich bin mit der und der Arbeit jetzt weiter, denn da ich anfing«, so ist darin Sinn und Zeitbestimmung; er hat einen Zeitpunkt, mittels dessen es feststeht, daß er angefangen hat, und er mißt den Abstand vom Anfang, um zu sehen, wo er jetzt ist. Wofern jedoch dieser Mensch nie mit dieser Arbeit angefangen hätte, ja, alsdann ist seine Rede sinnlos: Es ist sinnlos zu sagen, man sei »jetzt« weiter denn »da« man angefangen habe, wenn man gar nicht angefangen hat. Und wofern jemand, der nie gläubig geworden wäre, die Worte: »Wir sind unserm Heil jetzt näher, denn da wir gläubig wurden« gedankenlos nachsprechen wollte, so wäre das eine Sinnlosigkeit.

So lege dir diese Worte denn selber vor, um mit ihrer Hilfe dein eigenes Leben zu prüfen und so in Erfahrung zu bringen, wo du »jetzt« bist. Sollst du dies zu wissen bekommen, so mußt du mithin dich erst einmal dessen versichern, daß du mit Bestimmtheit weißt, wann denn jenes Damals gewesen ist, »da« du gläubig wurdest, oder wann in deinem Leben jene Entscheidung eingetreten ist, daß du gläubig wurdest. Merkst du auch richtig auf diese Schwierigkeit, welche einen gleichsam von hinten überfällt? Denn die Frage ist nicht, ob du seit jenem Mal, da du gläubig wurdest, einen Rückschritt gemacht hast, ob du den Glauben aufgegeben hast. Man könnte nämlich schließen wie folgt: Es ist selbstverständlich, daß ich »jetzt« dem Heil näher bin, denn »da« ich gläubig ward; denn »jetzt« ist ein späterer Augenblick, mithin versteht sich das von selbst, es sei denn, daß ich, wie gesagt, seit jener Zeit den Glauben aufgegeben habe. Dahingegen versteht sich nichts von selbst, wenn es nicht sicher ist, daß du einstmals gläubig geworden bist, daß du den Augenblick erlebt hast, da du gläubig wurdest.

Wann bist du nun gläubig geworden? Es ist von ungeheurer Wichtigkeit, daß du dies zu bestimmen vermagst, falls du imstande sein sollst zu bestimmen, wo du »jetzt« bist.

Und gesetzt, die Daseinsverhältnisse seien so beschaffen, daß sie dazu beitragen, es im Unbestimmten verdämmern zu lassen, ob du wirklich gläubig geworden bist: ja, dann siehst du wohl, wie nahe die Sinnlosigkeit dir ist, wie sie dich gleichsam umringt. Wie leicht es dir sein würde, dein ganzes Leben in Sinnlosigkeit hinzuhalten – und darum, wie wichtig es ist, daß du dich von allen Sinnestäuschungen losreißest, die dich daran hindern wollen, es zu wissen zu bekommen, ob du jemals gläubig geworden bist – von allen Sinnestäuschungen, die dir behilflich sein wollen, daß sogar das Hören einer Predigt über die Worte »wir sind unserm Heil jetzt näher, denn da wir gläubig wurden«, dich nicht entdecken lasse, wie diese Worte gleichsam zu einem Spottvers über dich werden, wobei du jedoch durchaus ruhig bliebest, in Sinnlosigkeit dessen gewiß, daß du »jetzt« deinem Heil näher seiest, »als ›da‹ du gläubig« wurdest – du, der du niemals gläubig geworden bist.

Denn darauf hat man dich vielleicht doch aufmerksam gemacht, daß du dich selbst prüfest, ob du nicht späterhin den Glauben verleugnet hast. In dieser Hinsicht wärest du dir indes keiner Schuld bewußt; du hast dein Leben erforscht, fändest jedoch, du dürftest getrost sagen, daß du den Glauben niemals verleugnet oder mit Bewußtsein aufgegeben hast. Mithin müßtest du doch »jetzt« deinem Heile näher sein denn »damals«, ›da‹ du gläubig« wurdest. Ach, und dabei bliebe dir verborgen, wie das Unglück gerade wäre, daß du niemals gläubig geworden bist, so daß es insofern durchaus zutreffend wäre, daß du ihn in der Tat – später nicht aufgegeben hast.

Wann bist du gläubig geworden, oder, was das Gleiche ist, bist du dir dessen wesentlich bewußt, daß du diese Entscheidung, gläubig zu werden, erlebt hast? Denn das Wichtige ist nicht, ob es mittags zwölf Uhr gewesen ist und dgl. Nein, das ganze Anliegen ist ein geistiges Anliegen, und es ist ihm daher der wahre Ernst eigen, welcher keineswegs darin besteht, nach Zeit und Stunde zu fragen. Anderseits aber ist es auch einleuchtend, daß die Sache zu einem bloßen Spiel gleich jenem »*Haus vorbei*« würde, falls es etwa so ginge: Ein Mensch gibt, wenn man ihn als Greis fragt, wann er gläubig geworden, die Antwort: »Ja, das ist lange her«; wenn man ihn nun fragt, ob er es als Mann geworden, gibt er die Antwort: »Nein, es ist länger her«; wenn man ihn dann fragt, ob er es als Jüngling geworden, gibt er die Antwort »Nein, es ist länger her, kurz und gut, es ist so lange her, daß ich mich nicht mehr erinnere, wann es war.« Es ist einleuchtend, das wäre ein bloßes Spiel, und es ist alsdann sinnlos, daß dieser Mann sagen will, wo er, was sein Heil anlangt, »jetzt« ist, während doch die Entscheidung, durch die er gläubig geworden, sich für ihn verliert im Dunkel des Fabelhaften und Märchenhaften.

Wann bist du gläubig geworden, bist du ein Gläubiger geworden? Es ist ja heute nicht wie in jenen – schweren – Zeiten, da ein Jude oder Heide im reiferen Alter Christ wurde; denn er wußte alsdann ohne Mühe mit Bestimmtheit, wann und daß er gläubig geworden. Wir leben heute unter – günstigeren – Umständen in der Christenheit; es ist heute weit leichter, ein Christ zu werden – auf jeden Fall weit leichter, so sich täuschen zu lassen, daß das ganze Leben in einer Einbildung hingehalten wird.

Du wirst als Kind getauft, in der christlichen Religion unterrichtet, konfirmiert, jedermann sieht dich als einen Christen an; du nennst dich selber so, wenn irgend ein Anlaß vorhanden ist, daß du deinen Namen, deinen Stand und dein Religionsbekenntnis angibst. Magst du nun Kaufmann werden oder Gelehrter oder Künstler oder Soldat usw.; magst du nun eine Ehe schließen mit der oder mit der; magst du nun in der Stadt Wohnung nehmen oder auf dem Lande usw. usw.: in allen diesen Dingen hast du sicherlich irgendwann in deinem Leben Gelegenheit gehabt, dir entsprechende Fragen vorzulegen und zu beantworten, du wirst auch sagen können, »wann« das gewesen ist und somit in allen diesen Beziehungen bestimmen können, wo du »jetzt« bist. Jedoch die Frage, ob du gläubig geworden bist, ist vielleicht nicht an dich gekommen; so weit dein Gedächtnis zurückreicht, ist es vorausgesetzt worden, daß du ein Gläubiger seiest, so mußt du es denn wohl auch einmal geworden sein – Gott weiß wann.

Und wo bist du »jetzt«? Bist du »jetzt« deinem Heil näher? Du hast wohl schon von jenem einfältigen Weisen des Altertums reden hören, der so hinterlistig zu fragen wußte. Unsere Frage kann leicht klingen wie eine Frage nach seiner Art, wie eine Frage, deren Absicht es ist, in Verlegenheit zu bringen, die Unklarheit in dem, der da gefragt wird, ans Licht zu ziehen. Ich nun, ich kann dich nicht fragen und will es auch nicht; aber stelle dir vor, daß er, jener einfältige Weise, dich frage.

Du weißt, sogar in der Christenheit hat die katechetische Kunst sich ihn zum Vorbild genommen; nie jedoch hat ein Katechet so wie er zu fragen vermocht. Stelle ihn dir vor, diesen einfältigen Weisen, den entschiedenen Hasser jeder Ausflucht und Entschuldigung und Unklarheit und Mißlichkeit, ihn, der überdies alledem ebenso schlau und hinterlistig wie behende und unerschrocken nachzuspüren liebte; ihn, der da keine Lehre besaß, die er den Menschen auf Abstand vortrug, sondern gerade als Lehrer mit durchschauendem Blick in die Menschen eindrang, so daß einem, der mit ihm sprach, zumute war, als spräche er mit sich selbst, als würde ihm sein Innerstes offenbar; ihn, der da nicht bloß die Weisheit vom Himmel herabholte, sondern es verstand, sie »dem einzelnen« einzubleuen. Stelle dir vor, dieser einfältige Weise nun sei es, der dich fragt; stelle dir vor, wie beharrlich er einen Menschen narren könnte mit der Frage, ob er »jetzt« seinem Heil näher sei; stelle dir vor, wie er diese Frage auf unzählige Weise drehen und wenden könnte, jedoch stets narrend, stets mit jenem Lächeln im Gesicht, das ihm eigen war, wenn er den Verdacht hatte, daß sein Gesprächspartner über sich selbst nicht mit Bestimmtheit wisse, wie es eigentlich stehe, ob er eine Sache verstehe oder sie nicht verstehe, ob er gläubig geworden sei oder nicht gläubig geworden sei; stelle dir seine Ausdauer vor, bis daß endlich er, der Einfältige, den Befragten im Netz hatte und es ans Licht gebracht hatte, daß dieser in einer Sinnestäuschung befangen gewesen sei.

»Bist du ›jetzt‹ deinem Heil denn näher?« »Ja.«

»Aber, näher als wann?«

Ja, hier gibt es vielleicht eine Stockung; und wenn es hier eine Stockung gibt, so gewinnt diese die Macht, die ganze Rede in Verworrenheit zu verwandeln. Du bist dem Heil jetzt »näher«; dieses »Näher« enthält einen Vergleich, aber womit vergleichst du denn? Kann man etwa sagen, jemand sei größer denn ein anderer, der gar nicht da ist? Es ist etwas Versucherisches, etwas Überredendes an diesem Vergleich mit Mehr, es ist für einen verlockend, so als ob es sozusagen von selber ginge, so als ob man nicht entmutigt würde, denn es geht doch vorwärts. Indes, wenn es nicht feststeht, daß der Anfang auch da ist, so führt all dies Locken lediglich in Sinnlosigkeit hinein. Jemand, der an Bord eines Schiffes ist, mag noch so viele Stunden unaufhörlich gehen, und mag auf diese Weise noch so viele Meilen zurücklegen: er kommt dennoch nicht vom Schiffe fort: Gerade ebenso wenig kommt der näher an etwas heran, der nicht angefangen hat mit demjenigen Gange, der näher und näher heranführt. Der Weg zum Heil aber ist der Glaube; und allein dann kann davon gesprochen werden, »jetzt« dem Heil näher zu sein, wenn es entschieden feststeht, daß man gläubig geworden ist.

Wo bist du nun; bist du deinem *Heil* jetzt näher? Deinem Heil! Von deinem Heil ist die Rede, wenn es sich um das Dem-Heil-näher-Kommen handelt. Und wenn davon die Rede ist, so wird ja zugleich von etwas anderm gesprochen, vom Verlorengehen. Von deinem Verlorengehen! Von deinem Verlorengehen ist die Rede, wenn es sich um das immer tiefer in Verlorenheit Versinken handelt! Sieh, wo du etwa im Leben einen falschen Weg gegangen wärest, wo du etwa Kaufmann geworden wärest, aber eigentlich hättest Künstler werden sollen: Das mag recht hart sein, aber dies Unglück läßt sich doch verwinden. Wo du etwa im Leben einen falschen Weg gegangen wärest, wo du etwa jenes Mädchen geheiratet hättest, aber ihre Schwester hätte ganz anders zu dir gepaßt: Das kann ertragen werden, solchermaßen seines Glücks verlustig zu gehen. Wo aber ein Mensch seines Heils verlustig ginge! Siehe, laß uns annehmen, du hättest in dem kraftvollsten Augenblick deiner Jugend den Plan zu einem Riesenwerk gefaßt, das du ausführen wolltest und das dein Lebenswerk werden sollte, aber du wärest unterwegs aufgehalten worden, auf vielerlei Weise daran gehindert worden, es hätte sich auch ergeben, daß du nicht ganz die Kräfte dazu hattest. Kurz, du wärest am Ende deines Lebens der Lösung der Aufgabe nicht sonderlich näher gekommen als am Anfang: nun denn, auch für diesen Kummer ist da Trost. Wo du aber am Ende deines Lebens deinem Heil nicht näher gekommen wärest! Gibt es etwas Schrecklicheres, als sich in Abstand zu finden von seinem Heil? Und in Abstand von seinem Heil sein, in diesem Zustande sich befinden, heißt doch der Rettung immer ferner rücken. Rettung steht in Entsprechung zu: in Gefahr sein. Wer nicht in Gefahr ist, kann auch nicht das rettende Heil finden. Bist du also in Gefahr – und kommst deinem rettenden Heil nicht näher, so versinkst du ja immer mehr in der Gefahr. Ein Mensch sollte wohl um sein Heil, seine Rettung, besorgt sein gleich dem Schiffbrüchigen, der sich auf eine Planke rettete und nun, von den Wogen umtaumelt, zwischen Leben und Tod über dem Abgrund schwebend, nach Land ausschaut. Indes, kann ein Mensch seinem Heil, seiner Rettung denn ferner sein, als wenn er noch nicht einmal mit Bestimmtheit weiß, ob er angefangen hat, seine Rettung zu wollen?

So prüfe dich denn selbst mit Hilfe dieses Worts; es ist ein seliger Trost, wenn man wissen darf, »daß man seinem Heil jetzt näher ist, denn da man gläubig geworden« – aber, nicht wahr, alsdann muß es gewiß sein, daß man gläubig geworden ist. Dies Wort kann mithin zum Troste dienen; aber es kann einen auch gleichsam hinterrücks überfallen. Geschieht es, daß ein Mensch solchermaßen aufmerksam wird, so ist das sicherlich erschreckend, doch sogar in diesem Erschrekken, in diesem heilsamen Erschrecken, ist etwas von Trost. Ja, es ist da etwas von Trost; denn wenn ein Mensch wenigstens darauf aufmerksam geworden ist, daß er noch nicht einmal angefangen hat, so ist er seinem Heil stets ein wenig näher, als er es gewesen, solange er, sich sicher fühlend, dahinlebte in einer Sinnestäuschung und einer Einbildung.

Doch noch eins: Laß uns nicht vergessen, daß das Wort beim Apostel etwas anders lautet, als wie wir es gebraucht haben. Er sagt: »Unser Heil ist jetzt näher, denn da wir gläubig wurden.« So wie wir die Worte gebraucht haben, sammeln sie alle Gedanken auf die Selbsttätigkeit; sie sind daher verwendet worden, um die Menschen aufmerksam zu machen. Das apostolische Wort schärft zugleich ein, daß das Heil von Gott ist. Paulus sagt nicht, *daß wir unserm Heil näher kommen*, sondern *daß das Heil uns näher kommt*. Und auch darüber zu sprechen, könnte nötig werden, so daß man *den Gläubigen* mahnte, sich nicht zu verstricken, nicht zu meinen, daß er selber erwerben solle, was da wesentlich geschenkt wird. Es könnte sehr wohl nötig werden, darüber zu sprechen – wofern es nur immer klar wäre, wo wir sind. Jedoch, um darauf aufmerksam zu werden, müssen wir erst einmal wissen, ob wir denn gläubig geworden sind.

Die Moral

»Und was will nun all das heißen?« Es will heißen, daß jeder für sich, in stiller Innerlichkeit vor Gott, sich darunter demütigen soll, was es doch besagen will, im strengsten Sinne ein Christ zu sein, aufrichtig vor Gott gestehen soll, wie er ist, auf daß er doch würdiglich die Gnade empfange, die jedem angeboten wird, der unvollkommen ist, daß heißt also jedem. Und dann nicht weiter; dann verrichte er im übrigen seine Arbeit, fröhlich in ihr, liebe sein Weib, fröhlich mit ihr, ziehe seine Kinder auf, sich zur Freude, liebe seine Mitmenschen, freue sich des Lebens. Ob mehr von ihm gefordert wird, wird Gott ihn wohl verstehen lassen, und wird solchenfalls ihm auch weiter helfen; denn in der erschreckenden Sprache des Gesetzes klingt es doch deshalb so erschreckend, weil es so scheint, als wäre es der Mensch selbst, der aus eigener Vernunft und Kraft sich an Christus halten soll, indessen es in der Sprache der Liebe Christus ist, der ihn hält. Also, ob von *ihm* mehr gefordert wird, wird Gott ihn wohl verstehen lassen; aber von jedem ist es gefordert, daß er vor Gott sich aufrichtig demütige unter die Forderungen der Idealität. Und darum sollen diese gehört werden, aber und aber gehört werden in ihrer ganzen Unendlichkeit. Das Christ-Sein ist ein Nichts geworden, ein Narrenstück, etwas, das jeder ohne weiteres ist, etwas, dazu man leichter kommt als zu der allerunbedeutendsten Handfertigkeit. Wahrlich, es ist die höchste Zeit, daß die Forderungen der Idealität gehört werden.

»ÜBER SICH SELBST«

– *Gebet* –

Oh, mögest Du, Herr Jesus Christus, meinen Sinn dergestalt erfüllen, daß man an mir auch sehen könnte, wie ich an Dich denke. Und woran sollte man das sehen? – vielleicht an meinem gen Himmel erhobenen Blick? Der könnte ja auch bedeuten, daß ich nach den Sternen schaute, oder nach Gesichten und Einbildungen. Nein, möchte doch Dein Bild mich derart bezaubern, daß ich – gering, verachtet, verlacht – Deine Lehre verkündigte – dann könnte man an mir sehen (nicht an meinem Blick, sondern an meiner alltäglichen Erscheinung), wie ich an Dich denke. Amen.

★ ★ ★

Meine Aufgabe ist es, die Bestimmung »Christ« einer Prüfung zu unterziehen.

Ein Bild

Stell dir einen großen, wohl abgerichteten Jagdhund vor. Er begleitet seinen Herrn, der zu Besuch ist bei einer Familie, wo es, wie leider heutzutage wohl oft, eine ganze Versammlung von unerzogenen Jugendlichen gibt. Kaum erblicken sie den Hund, als sie auch schon anfangen, ihn auf jede Weise zu mißhandeln. Der Hund, welcher hat, was diese Jugendlichen nicht haben, nämlich Erziehung, heftet sofort den Blick auf seinen Herrn, um aus dessen Miene zu erfahren, was er nach dessen Befehl zu tun habe. Und er versteht dessen Blick so, daß er sich mit all der Mißhandlung abzufinden habe, ja sie aufzunehmen habe, als würden ihm eitel Wohltaten bewiesen. Hierdurch werden natürlich die Jugendlichen noch mutwilliger, und zuletzt werden sie sich einig, daß es ein ungeheuer dummer Hund sein müsse, welcher sich dergestalt alles Mögliche bieten läßt.

Der Hund kümmert sich indessen ständig nur um eines: was der Blick des Herrn ihm zu tun befiehlt. Und schau, dieser Blick ist plötzlich verändert, bedeutet – und der Hund versteht es sofort –: gebrauche deine Macht.

Im gleichen Nu hat er mit einem einzigen Sprung den ersten Lümmel gepackt und wirft ihn zu Boden – und nun hält niemand ihn auf, nur der Blick des Herrn – und im gleichen Nu ist er, wie er im Augenblick vorher war.

Ebenso mit mir. Wie der Hund seinem Herrn folgte, einzig um dessen Blick sich kümmernd, ebenso folge ich wie ein Hund der allmächtigen Majestät des Himmels und der Erde, dem Herrn, einzig um seinen Blick mich kümmernd, in dessen besonderen Dienst ich früh gedungen wurde.

So begann ich als Schriftsteller, von meiner Seite wurde alles eingesetzt, und nur auf seinen Blick war mein Blick gerichtet, wie der des Hundes auf den des Herrn.

Bald überzeugte ich mich, daß ich nicht gerade in gute Gesellschaft gekommen war, daß eine kleinliche, weltlich-kluge, ideenlose Mittelmäßigkeit mich auf jede Weise zu verunrechten suchte. Mein Blick, der einzig auf den Blick der göttlichen Majestät gerichtet war, unterrichtete mich, daß sie es folgendermaßen verstand: Hiermit hast du dich abzufinden, und nicht bloß abzufinden, sondern dies so leicht, daß es aussieht, als seist du einer, dem alle Menschen Wohltaten erwiesen.

Dadurch wurde dann die Mittelmäßigkeit nur noch unverschämter, setzte sich zuletzt in den Kopf, ich sei ein völlig unpraktischer Mensch, den beinahe jeder zum Narren halten könne.

Da geschah es, daß der Blick der göttlichen Majestät sich veränderte und mir bedeutete: Gebrauche deine Macht.

Und da sind wir jetzt. Die Kräfte habe ich immer gehabt; aber ich bin wie ein Hund, der seinen Herrn begleitet – alles dreht sich für ihn darum, was der Blick des Herrn befiehlt.

Der Anteil der Weltlenkung an meinem schriftstellerischen Werk

Was ich bisher geschrieben, ist mir in gewissem Sinne weder lieb noch lustvoll zu schreiben gewesen; es hat etwas Peinliches an sich, so viel von sich selber sprechen zu müssen. Wollte Gott, ich hätte noch länger schweigen dürfen, ja sterben dürfen – stumm über das, was mich in Stummheit Tag und Nacht als meine Arbeit und mein Werk beschäftigt hat. Aber Gott sei gelobt, jetzt atme ich auf, jetzt fühle ich recht eigentlich ein Bedürfnis zu sprechen, jetzt bin ich an dem, das zu bedenken, davon zu sprechen mir unbeschreibliche Seligkeit ist. Dies mein Gottesverhältnis ist die glückliche Liebe meines in mancherlei Weise unglücklichen und beschwerlichen Lebens. Und ob diese Liebesgeschichte, wenn ich sie so nennen darf, gleich das wesentliche Kennzeichen einer wahren Liebesgeschichte hat, daß nur Einer sie ganz verstehen kann, und nur bei Einem es unbedingt Freude macht, sie ihm zu erzählen, das ist der Geliebte, hier also der, von dem man geliebt wird, so hat es doch auch seine Freude, zu anderen davon zu sprechen.

Denn daß ich Gottes Beistand nötig gehabt und wie ich ihn beständig, Tag um Tag, Jahr für Jahr nötig gehabt – um darauf mich zu besinnen, um das pünktlich angeben zu können, hab ich nicht nötig, Erinnerung und Gedächtnis zuhilfe zu nehmen oder Journale und Tagebücher, oder auch beide gegeneinander zu halten: Ich durchlebe es wieder so lebendig, so gegenwärtig in diesem Augenblick. Was hat doch diese Feder nicht darzustellen vermocht, wenn es ging um Mutwille, Begeisterung, Schwärmerei beinahe bis an die Grenze des Wahnwitzes! Und jetzt, da ich von meinem Gottesverhältnis reden soll; von dem, das jeden Tag wiederkehrt in meinem Gebet, welches für das Unbeschreibliche dankt, das er für mich getan, so unendlich viel mehr als jemals ich erwartet; von dem, das mich gelehrt hat, mich zu verwundern, mich zu verwundern über Gott, seine Liebe, über das, was eines Menschen Ohnmacht mit seinem Beistand vermag; von dem, das mich gelehrt hat, dorthin mich zu sehnen und nicht zu fürchten, die Ewigkeit könne langweilig sein, da sie eben die Lage ist, die ich nötig habe, um nichts anderes bestellen zu müssen als danken.

Meine Stellung

Niemals hab ich so gekämpft, daß ich sagte: Ich bin der wahre Christ, die anderen sind nicht Christen, oder wohl gar Heuchler und dergleichen. Nein, ich habe so gekämpft: *Ich weiß, was Christentum ist;* meine Unvollkommenheit als Christ erkenne ich selbst – aber ich weiß, was Christentum ist. Und dies zweckdienlich zu wissen zu bekommen, scheint mir in jedes Menschen Interesse zu liegen, er sei nun Christ oder Nicht-Christ; seine Absicht sei, das Christentum anzunehmen oder es aufzugeben.

* * *

Wenn mir Macht gegeben wäre, ein einziges Wort oder einen einzigen Satz so auszurufen, daß er sich einprägen müßte und niemals vergessen würde – meine Wahl wäre getroffen, ich habe das Wort, ich würde sagen: Unser Herr Jesus Christus war – Nichts; gedenke dessen, oh Christenheit!

Zweierlei Unruhe

Es gibt christlich zwei Arten von Unordnung. Die eine ist der Tumult, der äußerliche Spektakel. Die andere Unordnung ist die Stille des Todes, die Erstorbenheit, und diese ist vielleicht die gefährlichere.

Wider diese hab ich gewirkt, habe gewirkt, um Unruhe zu wecken in Richtung auf Verinnerlichung. Laß mich genau bestimmen, wo ich sozusagen stehe.

Es lebt unter uns ein hochehrwürdiger Greis, der oberste Geistliche dieser Kirche; was er, seine »Predigt«, gewollt hat, das Gleiche ist es, was ich will, nur um einen Ton kräftiger, wie es in dem Unterschied meiner Persönlichkeit liegt, und wie es der Unterschied der Zeit fordert. Es leben unter uns einige, die den Anspruch erheben, Christen im strengsten Sinne zu sein, es zu sein in Entgegensetzung wider uns andere; ihnen habe ich mich nicht anschließen können. Teils meine ich, ihr Leben sei dem Maßstab nicht gewachsen, den anzulegen sie selbst einen veranlassen oder nötigen, indem sie so stark hervorheben, daß sie Christen sind – doch dies ist mir minder wichtig; teils bin ich zu wenig Christ, als daß ich mich jemandem anschließen dürfte, der eine solche Forderung tut. Bin ich gleich ein wenig – ja sogar, wo es derart stünde, falls ich nicht etwa bloß ein wenig weiter voran wäre als manche vom Durchschnitt unter uns – ich bin nur im Dichterischen weiter voran, das will heißen, ich weiß besser, was Christentum ist; weiß es besser darzustellen, aber das ist (denk an das, was Luther zu mir gesagt hat!) ein überaus unwesentlicher Unterschied. Wesentlich gehöre ich zum Durchschnitt. Und hier ist es, daß ich gearbeitet habe für Unruhe in Richtung auf Verinnerlichung.

Denn christlich gibt es zwei Arten von wahrer Unruhe. Die Unruhe in den Glaubenshelden und Wahrheitszeugen, welche auf die Reform eines Bestehenden zielt. So weit hab ich mich niemals hinausgewagt, das ist nichts für mich; und sofern es etwa bei jemand unter den Mitlebenden den Anschein haben sollte, daß er sich so weit hinauswagen will, wäre ich nicht abgeneigt, wider ihn polemisch zu werden, um dazu beizutragen, daß es offenbar werde, ob er das Recht dazu hat. Die andere Art Unruhe richtet sich auf Verinnerlichung. Dergestalt ist ja auch ein wahres Verliebtsein ein unruhig Ding; es fällt aber dem Liebenden nicht ein, ein Bestehendes ändern zu wollen.

Meine Taktik

Meine Taktik ist gewesen: mit Gottes Hilfe alle Mittel anwenden, um es zur Klarheit zu bringen, was die Forderung des Christentums in Wahrheit ist – wenn dann auch nicht ein einziger darauf eingehen wollte, wenn auch ich selbst es aufgeben müßte, Christ zu sein, was solchenfalls öffentlich zu gestehen ich mich verpflichtet gefühlt hätte. Von der anderen Seite her war meine Taktik diese: anstatt auch nur auf die entfernteste Weise den Anschein zu geben, es bestünden doch solche Schwierigkeiten mit dem Christentum, daß eine Apologie nötig werde, wenn wir Menschen darauf eingehen sollen: stattdessen es, wahrheitsgemäß, als etwas so unendlich Erhabenes darzustellen, daß die Apologie an eine andere Stelle rückt, für uns geschieht, daß wir es wagen, uns Christen zu nennen, oder sich verwandelt in ein bußfertiges Bekenntnis, daß wir Gott danken, wenn wir nur uns selbst für Christen ansehen dürfen.

Indes darf auch dies nicht vergessen werden. Ebenso streng wie das Christentum ist, ebenso milde ist es, ganz ebenso milde, das heißt, unendlich milde. Wenn die unendliche Forderung gehört und gewahrt worden ist, gehört und gewahrt wird in ihrer ganzen Unendlichkeit, so wird die »Gnade« dargeboten, oder auch die Gnade bietet sich dar, zu welcher dann der einzelne, jeder im besonderen, hinfliehen kann, gleichwie ich es tue – und so geht es schon. Aber es ist doch wohl keine Übertreibung (wie es denn zugleich auch gerade der »Gnade« dient), daß die Forderung der Unendlichkeit, die »unendliche« Forderung dargestellt wird als – »unendlich«; es ist lediglich, in anderer Rücksicht, Übertreibung, wenn allein die Forderung dargestellt und die Gnade überhaupt nicht angebracht wird. Dahingegen heißt es, das Christentum zu einem eitlen Dinge machen, wenn man entweder (vielleicht in Anbetracht, daß es – was da wohl vermeintlich soll Eindruck machen können auf Gott im Himmel und das Christentum und die Apostel und die Märtyrer und die Wahrheitszeugen und die Väter mitsamt ihrer »*Praxis*« – »auf die Art nicht hergeht im praktischen Leben«) die unendliche Forderung verendlicht, oder sie am Ende gar völlig fortläßt, und die »Gnade« *ohne weiteres* anbringt, was ja bedeutet, daß sie eitel genommen wird.

Aber niemals habe ich, auch nicht auf die entfernteste Weise, Miene oder Versuch gemacht, die Sache, was meiner Seele und meinem Wesen fremd ist, in pietistischer Strenge vollstrecken zu wollen, auch keineswegs, die Existenzen überanstrengen zu wollen, was den Geist in mir betrüben würde. Nein. Was ich gewollt habe, ist, vermittelst von Zugeständnissen dazu beitragen, daß womöglich etwas mehr Wahrheit hineingebracht werde in diese unvollkommenen Existenzen, wie wir sie führen, und das ist doch immerhin etwas und jedenfalls die erste Bedingung, um dazu zu kommen, daß man auf tüchtigere Art existiere. Was ich habe verhindern wollen, ist, daß man da nicht, indem man sich auf das Leichtere und Niedere beschränkt und daran sich genügen läßt, alsdann weiter gehe, das Höhere abschaffe, weiter gehe, das Niedere auf den Platz des Höheren stelle, weiter gehe, das Höhere zu Phantasterei und lächerlicher Übertreibung mache, das Niedere zu Weisheit und wahrem Ernst, daß man da nicht in der »Christenheit« in existenzieller Beziehung Luther und die Bedeutung von Luthers Leben eitel nehme; das womöglich zu verhindern, dazu habe ich beitragen wollen.

Wehmut

Irgendwo in einem Choral heißt es von dem Reichen, daß er mit großer Mühe einen Schatz sammelt und »weiß nicht, wer ihn erben wird«:

Ebenso werde ich, intellektuell, ein nicht so geringes Kapital hinterlassen; ach, und ich weiß zugleich, wer mich beerben wird, die Gestalt nämlich, die mir so ungeheuer zuwider ist, er, der doch bisher und in Zukunft alles Bessere geerbt hat und erben wird: der Dozent, der Professor.

Und selbst wenn der »Professor« dies zu lesen bekäme, es täte ihm doch nicht Einhalt, bewirkte nicht, daß das Gewissen ihm schlüge, nein, auch dies wird doziert werden. Und wiederum diese Bemerkung, falls der Professor sie zu lesen bekäme, sie täte ihm nicht Einhalt, nein, auch sie würde doziert werden. Denn noch länger als jener Bandwurm (von dem neulich, wie man im Anzeigenblatt liest, eine Frau befreit worden ist, wofür ihr Mann im Anzeigenblatt dankt, unter Angabe der Länge: 100 Ellen), noch länger ist der Professor; und kein Mensch kann einen Menschen, in dem der »Professor« sitzt, von diesem Bandwurm befreien; das kann nur Gott, wenn der Mensch selbst es will.

NACHWORT

Gern entspreche ich der Bitte Wolfgang Bühnes, seiner Kierkegaard-Auswahl ein Nachwort mitzugeben. Ebenso wie ihm ist mir bei meiner Arbeit an Kierkegaard immer wieder schmerzlich klar geworden, wie sehr Kierkegaard gerade in seinem letzten und entscheidenden Anliegen bis heute mißverstanden wird. Eine Auswahl, die sich ähnlich wie die vorliegende auf den Kern der Evangeliumsverkündigung Kierkegaards konzentriert, fehlt bisher. Sie tut deshalb gewiß einen notwendigen Dienst.

Indessen bleibt das genannte Mißverständnis Kierkegaards in letztem Sinne wohl unvermeidlich: Es ist eben die Kehrseite seiner kompromißlosen Evangeliumsverkündigung. Die »Reizworte«, wie »das Absurde«, »das Ärgernis«, »das Paradox«, »der Sprung des Glaubens« und andere, mit denen Kierkegaards Pseudonym Johannes Climacus einer weltförmigen Christenheit deutlich macht, daß ein Ungläubiger, ein vom Christentum »Geärgerter«, dieses immer noch besser versteht als eine welthaft-geistlose »christliche« Bequemlichkeit, sind von der »dialektischen Theologie« Barths, Bultmanns und ihrer Epigonen benutzt worden, lediglich um auf den Irrglauben des Liberalismus einzuschlagen, nicht aber um sich selbst zur Buße rufen zu lassen.

Kierkegaard ist aber der Meinung, daß es *keine* Gestalt des Christentums gebe, die nicht der täglich neuen Buße bedürfe. Nur wer sich unter diesen Ruf zur Buße demütigt, ohne sich selbst über andere zu erheben, wird den Trost des Evangeliums auch nur *verstehen* können. Ein unbußfertiges, selbstgerechtes Christentum verfällt mit Sicherheit dem Gericht. Wer aber die »unendliche Forderung« hört, wer sich ihr gegenüber selber aufrichtig demütigt, *hört* auch den Trost des Evangeliums, das Wort von der Vergebung; der Vergebung denn auch des immer neuen Versagens vor der Forderung. So spricht Kierkegaard es etwa in der auf voriger Seite abgedruckten »Moral« aus, welche er freilich dann einer in Selbstgerechtigkeit *verharrenden* Christenheit gegenüber widerrufen hat.

Jene Demütigung ist nach Kierkegaard immer die des *einzelnen* Gläubigen; keine Gemeinschaft kann sie verbergen. Kierkegaard selber hat das auch gegen den dänischen Freikirchler Dr. Rudelbach gewendet, der ihn als Bundesgenossen gegen das »Gewohnheits- und Staatschristentum« meinte in Anspruch nehmen zu können. Kierkegaard hält ihm entgegen, er (Kierkegaard) sei vielleicht auf Formen des Gewohnheitschristentums aufmerksam geworden, die ihm (Rudelbach) entgangen seien; ja, könne man lediglich wählen zwischen christlich-weltlichem Leichtsinn und »der Art Gewohnheitschristentum, die sich bei Sektierern, Erweckten, Überorthodoxen, Parteigängern findet«, so wähle er schlimmstenfalls die erste Art; bei ihr könne man noch Hoffnung haben, während der geistliche Hochmut der zweiten Art einen zum Schaudern bringe (Ges. Werke, 32. Abt., S. 45f.).

Dringt man durch diese Verwahrungen Kierkegaards hindurch, die er auf freilich zum Teil höchst künstliche Art gegen jede denkbare selbstische Vereinnahmung des Evangeliums aufzurichten bestrebt ist, so stößt man im Innersten von Person und Werk Kierkegaards auf etwas unendlich Einfaches, eine (wie Karl Jaspers in einem Brief schreibt, ohne daß Jaspers selber Kierkegaard darin verstehe) »einfache, ganz kindliche Haltung, die in den Versen des Dichters Brorson zum Ausdruck kommt«, welche nach Kierkegaards Wunsch als sein persönlichstes Bekenntnis auf seinem Grabstein stehen:

Nur eine kurze Zeit,
so ist's gewonnen,
so ist der ganze Streit
in nichts zerronnen;
so geh' ich stille ein
in Gottes Auen
und darf den Heiland mein
auf ewig schauen.

Hayo Gerdes

ANHANG

Das dreifache Mißverständnis *

Die »Einübung im Christentum« hat, vor allem innerhalb der neueren deutschen Theologie, ein *dreifaches Mißverständnis* erzeugt, durch welches die geschichtliche Wirkung Kierkegaards in neuerer Zeit gegen seine Absichten verzerrt worden ist. *Erstens,* das *Ärgernis,* von dessen ständiger Möglichkeit der Glaube existentialdialektisch begleitet wird, ist als Ärgernis an der verstandeswidrigen Lehre, daß ein wirklicher Mensch Gott sei, aufgefaßt worden. Kierkegaard aber sagt, gemäß seiner Art, das Paradox zu gebrauchen, durchaus folgerichtig: »Alles Gerede über Ärgernis im Verhältnis zum Christentum als Lehre ist Mißverstand: Es entnervt den Stoß im Anstoß des Ärgernisses, wenn man von Ärgernis im Verhältnis zur Lehre vom Gottmenschen, zur Lehre von der Versöhnung redet.« Ärgernis ist die verzweifelt-trotzige Entscheidung der menschlichen Innerlichkeit wider den Christus der evangelischen Geschichte, der sich ihm in sein Leben hinein als ihn fordernder, umbildender göttlicher Wille gleichzeitig macht. Mit dem bequemen Verfahren einer dogmatischen Orthodoxie, mit dem Wort »Ärgernis« jede Kritik an den doch auch Verstandesgebilde darstellenden Sätzen überlieferter Schultheologie niederzuschlagen, hat Kierkegaard nichts zu tun. *Zweitens,* die Ablehnung des welthistorischen Beweises für die Gottheit Jesu und die Wahrheit des Christentums kann von Kierkegaard, *indem er die heilige Geschichte der Evangelien dabei ausdrücklich als nicht mitgemeint bezeichnet,* dahin ausgedrückt werden, daß man den Glauben an den sich mit uns gleichzeitig machenden Christus nicht verdrängen dürfe durch ein Wissenwollen von Jesu Christi Gottheit auf Grund der Historie. Daraus hat man gemacht, Kierkegaards Christusglaube sei völlig gleichgültig wider die Wahrnehmung des geschichtlichen Jesus Christus der Evangelien; Kierkegaard habe also mit seiner Gleichzeitigkeitslehre den Glauben von der evangelischen Geschichte ablösen wollen. *Damit ist Kierkegaards Ansicht glücklich auf den Kopf*

---

* Auszug aus Band V der »Geschichte der neueren evangelischen Theologie« von E. Hirsch.

gestellt. Das Fragmal »Glaube und Geschichte« in unserm Sinne ist für Kierkegaard nicht vorhanden.

Ein allgemeiner Eindruck von Verläßlichkeit der evangelischen Überlieferung genügt als Unterlage für den Umgang des Glaubens mit dem Christus der Evangelien. Die existentialdialektisch sich begründenden Gewißheiten in der Meditation der evangelischen Geschichte tun dann das Übrige zur Ausschaltung kritischer Fragen. *Strauß' Evangelienkritik hat er für eine einfache Gottlosigkeit gehalten, an der nur die das Urteil leicht machende Offenherzigkeit zu loben sei. Es bestand somit für ihn gar kein Anlaß, von der evangelischen Geschichte Abstand zu nehmen um der Glaubensgewißheit willen.* Er kann seinem Triebe nach geschichtlicher Konkretion des Christusbildes bedenkenlos nachgeben. *Drittens* hat man die »unmittelbare Unkenntlichkeit« der Gottheit Jesu Christi dahin gedeutet, Kierkegaard beurteile jeglichen lebendigen Eindruck der Person Jesu auf Gemüt und Innerlichkeit des Menschen als religiös unecht und sehe das Paradox des Glaubens gerade darin, daß wir einen gewöhnlichen Rabbi und Messiasprätendenten ohne besondre menschliche Eindruckskraft als Gottmenschen, an dem unser ewiges Heil sich entscheidet, anzunehmen haben. Kierkegaard aber meint mit der Leugnung der unmittelbaren Kenntlichkeit der Gottheit Christi das Fehlen aller Züge und Tatsachen, die den menschlichen Lebensrahmen sprengen und die Menschheit als eine nur angenommene Maske erkennen lassen. *Der bewegende menschliche Eindruck der in ihrer Ganzheit als Leidensgeschichte, als Gang zum Kreuz aufzufassenden Geschichte Jesu als der Geschichte einer sich für unser Heil opfernden Liebe wird von ihm selbst oft mit dem feinsten Spürsinn als etwas schlechthin Einziges vergegenwärtigt.* Dieser Eindruck ist ihm selbstverständliche Voraussetzung für die Entstehung der existentialdialektischen Bewegung des Glaubens. Er hebt nur hervor, einerseits, daß dieser Eindruck kein Wissen von der Gottheit Jesu Christi begründe und jenes »Entweder glauben, oder sich ärgern« nicht hinwegnehme, andererseits, daß der Glaube nicht an dem Bewegtsein sich genügen lasse, sondern zur Aneignung dieser leidenden Liebe in der Nachfolge werde. Nimmt man alle drei Mißverständnisse zur Einheit zusammen, so entsteht eine theologische Karikatur, welche jeden schlichten ethischen und religiösen Wahrheitssinn abstoßen muß und außerhalb einer existenzlosen rabbulistischen Kanzeldialektik überhaupt keine Daseinsmöglichkeit hat. Hätte Kierkegaard diese Karikatur gekannt, so wäre seine gottesfürchtige Satire auf Kirche und Kanzel um ein sehr lebhaftes Kapitel reicher geworden.

Kierkegaard hält in der Tat sowohl das Zeugnis Jesu von seiner Gottheit und von seinem Versöhnungstod, so wie das vierte Evangelium es bietet, als auch die bei Redlichkeit des Vernehmenden nicht anfechtbare Richtigkeit dieses Zeugnisses für selbstverständlich. Er kommt über den Schluß nicht hinaus: *Christus sagt dies.* Wer seine Aussage ablehnt, straft Gottes Sohn ins Angesicht Lügen, begeht also den ungeheuerlichsten, unvergebbaren Frevel. Wer bestreitet, daß Christus diese Aussage getan hat, gibt seiner Weigerung, Gottes Sohn das, was er sagt, zu glauben, nur eine andre Gestalt. Von daher ist Kierkegaard weder fähig noch willens, mit einem solchen Zweifler in menschlicher Offenheit zu reden. Er vernimmt dessen Gründe und Einwände überhaupt nicht, weil sie der absoluten theologischen Prämisse seines Denkens und Lebens widersprechen.

Werke S. Kierkegaards (1813–1855)

(die mit * bezeichneten Werke erschienen unter verschiedenen Pseudonymen)

1838 Aus eines Lebenden Papieren*
1841 Über den Begriff der Ironie* (Dissertation)
1843 Entweder – Oder*
      Zwei erbauliche Reden
      Furcht und Zittern*
      Die Wiederholung*
      Drei erbauliche Reden
      Vier erbauliche Reden
1844 Zwei erbauliche Reden
      Drei erbauliche Reden
      Philosophische Brocken*
      Der Begriff Angst*
      Vier erbauliche Reden
1845 Drei Reden bei gedachten Gelegenheiten
      Stadien auf des Lebens Weg
1846 Abschließende unwissenschaftliche Nachschrift*
      Eine literarische Anzeige*

1847 Erbauliche Reden in verschiedenem Geist
Der Liebe Tun
1848 Christliche Reden
Die Krise und eine Krise im Leben einer Schauspielerin*
1849 Die Lilie auf dem Felde und der Vogel unter dem Himmel
Zwei kleine ethisch-religiöse Abhandlungen*
Die Krankheit zum Tode*
Der Hohepriester – der Zöllner – die Sünderin, drei Reden am
Altargang
1850 Der Gesichtspunkt für meine Wirksamkeit als Schriftsteller
Einübung im Christentum*
Eine erbauliche Rede
1851 Zwei Reden beim Altargang
Zur Selbstprüfung, der Gegenwart anbefohlen
Urteilt selbst
1855 Der Augenblick

Quellenverzeichnis

Die vorliegende Auswahl wurde der im Eugen Diederichs Verlag erschienenen
Übersetzungen der Ges. Werke Kierkegaards entnommen.

Benutzt wurden folgende Werke:

T1-5 = »Tagebücher« in 5 Bänden, ausgewählt und übersetzt von Hayo Gerdes
ER = »Erbauliche Reden in verschiedenem Geist 1847« übersetzt von Hayo
Gerdes
KS = »Kleine Schriften 1848/49«, übersetzt von Emanuel Hirsch
CR = »Christliche Reden 1848«, übersetzt von Emanuel Hirsch
EZU = »Erbauliche Reden 1850/51, Zur Selbstprüfung der Gegenwart anbe-
fohlen, Urteilt selbst«, übersetzt von Emanuel Hirsch
E = »Einübung im Christentum«, übersetzt von Emanuel Hirsch
DS = »Die Schriften über sich selbst«, übersetzt von Emanuel Hirsch
A = »Der Augenblick« übersetzt von Hayo Gerdes

Die Zahlen hinter der Abkürzung geben die Seitenzahl in den jeweiligen Bänden der Ges. Werke an, die Zahlen hinter dem Doppelpunkt die Seitenzahl in diesem Buch.

E	296	:	5	ER	182	:	48-52	A	122	:	82-84
A	43	:	5	T4	42	:	52	T4	205	:	84
T4	249	:	13	T5	99	:	53-55	T3	115	:	84
ER	229	:	13	T2	70	:	55	ER	92	:	84-85
T4	281	:	13-14	T2	152	:	56	T3	284	:	85
T5	212	:	14-15	T2	78	:	56	A	48	:	85
T4	280	:	15	EZU	211	:	56-59	T5	114	:	86
EZU	227	:	16-17	T4	181	:	59-60	A	239	:	86-87
T5	231	:	17	A	331	:	6	A	340	:	88
T5	65	:	17-18	A	42	:	61	A	133	:	88-92
T4	265	:	19	T	47	:	61	A	201	:	92
A	288	:	19-21	A	44	:	62	A	46	:	92-93
E	247	:	21-23	T3	17	:	62	A	182	:	93-94
E	238	:	23	EZU	118	:	62-64	T5	4	:	95
E	239	:	24	A	34	:	64	T5	372	:	95
T5	134	:	24-25	A	213	:	64-65	A	325	:	96-97
T5	41	:	25-26	A	214	:	65-68	A	242	:	97
T5	254	:	26	T5	71	:	69	KS	82	:	99
T3	191	:	26	A	40	:	69-70	CR	296	:	99-104
A	285	:	26-28	DS	99	:	71-72	CR	277	:	104-108
T2	166	:	28	A	203	:	72	EZU	90	:	108
EZU	52	:	29-30	A	195	:	72-73	EZU	99	:	108-113
T4	197	:	30-31	T4	259	:	73	EZU	49	:	115
T5	45	:	31	A	336	:	73-74	EZU	60	:	115-136
T4	278	:	31-32	E	226	:	74-75	ER	231	:	136-143
ER	229	:	32-43	A	322	:	75-76	E	67	:	143-144
T4	280	:	45	T4	157	:	76	T5	376	:	145-146
T4	78	:	45	T4	177	:	76-78	DS	66	:	146-147
E	71	:	45-47	T4	146	:	78-79	DS	11	:	147-148
T4	5	:	47	T5	144	:	79-81	EZU	56	:	148-149
T4	187	:	47-48	T5	296	:	81-82	DS	12	:	149-150
T4	249	:	48	T5	285	:	82	T5	102	:	150-151

Das Zitat von E. Hirsch S. 8 wurde dem Buch »Wege zu Kierkegaard« entnommen.

John F. MacArthur

Wenn Salz kraftlos wird

Die Evangelikalen im Zeitalter juckender Ohren

Paperback

256 Seiten
DM 16.80
ISBN 3-89397-249-8

Kompromisse bestimmen heute das Bild der Kirche. Die biblische Botschaft ist einer »Show« gewichen. Pastoren vertrauen mehr einer werbewirksamen Vermarktungsindustrie als der Kraft Gottes. Anstatt die Wahrheiten der Schrift zu verkündigen, wird das Wort in Watte gepackt, um nur niemand zu verletzen.

Durch diese Veränderungen sind die Christen in Gefahr, ihre Glaubwürdigkeit zu verlieren – und ihren Einfluß als Salz und Licht.

John MacArthur schlägt Alarm und warnt vor einer Aufweichung und Verwässerung der Botschaft des Evangeliums.